Gestar, parir, amar: não é só começar — o que você sabe — e o que você realmente deveria saber — sobre maternidade

TAYNÁ LEITE

LETRAMENTO

Copyright © 2019 by Editora Letramento
Copyright © 2019 by Tayná Leite

Diretor Editorial | **Gustavo Abreu**
Diretor Administrativo | **Júnior Gaudereto**
Diretor Financeiro | **Cláudio Macedo**
Logística | **Vinícius Santiago**
Designer Editorial | **Luís Otávio Ferreira**
Assistente Editorial | **Giulia Staar e Laura Brand**
Revisão | **Hellen Suzuki e Daniel Rodrigues Aurélio (Barn Editorial)**
Criação da Capa e Projeto Gráfico | **Letícia Emerim**
Diagramação Capa | **Wellinton Lenzi**
Diagramação Miolo | **Isabela Brandão**

Todos os direitos reservados.
Não é permitida a reprodução desta obra sem
aprovação do Grupo Editorial Letramento.

Dados Internacionais de Catalogação na Publicação (CIP) de acordo com ISBD

L533g	Leite, Tayná
	Gestar, parir, amar não é só começar / Tayná Leite. - Belo Horizonte : Letramento, 2019.
	158 p. ; 14cm x 21cm.
	ISBN: 978-85-9530-214-3
	1. Maternidade. I. Título.
2019-452	CDD 306.8743
	CDU 392.34

Elaborado por Vagner Rodolfo da Silva - CRB-8/9410

Índice para catálogo sistemático:
1. Maternidade 306.8743
2. Maternidade 392.34

Belo Horizonte - MG
Rua Magnólia, 1086
Bairro Caiçara
CEP 30770-020
Fone 31 3327-5771
contato@editoraletramento.com.br
grupoeditorialletramento.com
casadodireito.com

A todas as mães que não querem padecer,
perecer ou desaparecer de si...

Agradecimentos

Este livro é resultado da minha curiosidade, dedicação e foco para realizar meus sonhos e, como tudo em minha vida, ele é fruto, principalmente, das pessoas maravilhosas que me cuidam, me acolhem, me apoiam e tornam tudo possível.

À Nana, por me dar o empurrão que faltava e topar escrever o prefácio com toda a potência da sua escrita terna; à Pri, por ser mentora, amiga, inspiração e, especialmente, por resgatar minha autoestima lá do fundo do poço quando eu mais precisei; à Brinsan, por cuidar da minha energia, me inspirar com sua sabedoria e me fortalecer com suas mãos de cura; à Hellen, por revisar com amor e cuidado e parir este sonho junto comigo e me apresentar a Leticia, que deu cor e forma gráfica às minhas palavras com uma beleza e delicadeza que me faz certa de que estou sendo compreendida; à Carol, por cuidar dos meus bens mais preciosos e de mim e ser meu anjo da guarda; ao Rodrigo, amor da minha vida e meu único porto seguro, por segurar as pontas sempre: quando me perco, quando me acho, quando extravaso e quando ninguém mais está ali.

À minha mãe, que me fez filha e a quem eu fiz mãe muito antes de ela estar preparada para isso, pela dedicação, pelo amor e pelos erros que pudemos ressignificar e reconstruir em uma relação nova e especial; ao Ricardo, meu filho, que me fez mãe e que me faz repensar tudo o tempo inteiro de formas que eu jamais pensaria possíveis: pelo amor incondicional, pelo colinho aconchegante e a capacidade de perdão tão espontânea e amorosa, amar-te tem sido a melhor escolha que tenho feito todos os dias.

A Xangô, meu pai, pelo Axé, por me guardar e iluminar o meu caminho, me ajudando em todas as demandas! Kawo Kabiecile!

APRESENTAÇÃO **11**

13 PREFÁCIO

INTRODUÇÃO **15**

21 **CAPÍTULO 1**
MATERNIDADE COMPULSÓRIA

22 O SONHO

32 A GRAVIDEZ:
O QUE NÃO TE CONTAM

45 GESTAR, PARIR, AMAR:
NÃO É SÓ COMEÇAR!

CAPÍTULO 2 **59**
DESROMANTIZAR É PRECISO

CULPA MATERNA **60**

CRIAÇÃO COM APEGO OU
CRIAÇÃO TRADICIONAL
E A SÍNDROME DO
SOBREVIVENTE **69**

É PRECISO UMA VILA **84**

CAPÍTULO 3 95
O PAPEL DO PAI

O HOMÃO DA PORRA
É UMA MÃE MEDÍOCRE 96

CRIANDO PAIS
DESDE O BERÇÁRIO 108

CAPÍTULO 4 115
A MULHER QUE HABITA EM MIM: ONDE ELA FOI PARAR?

O LUTO PELA
MULHER QUE
FUI: REENCONTRANDO-SE
APÓS A MATERNIDADE 116

DESENVOLVENDO
PROTAGONISMO: A
CAPACIDADE DE FAZER
ESCOLHAS QUE LIBERTAM 121

CAPÍTULO 5 131
QUEM PAGA ESSA CONTA?

A VOLTA AO MERCADO: A
EXPECTATIVA ENCONTRA
UMA DURA REALIDADE 132

FIM DA LICENÇA E O MITO
DO EMPREENDEDORISMO
MATERNO 140

O PESSOAL É POLÍTICO:
TRANSFORMANDO
PALAVRAS EM AÇÃO 152

"Venho até vocês hoje arriscando uma condenação penosa, como uma mulher que somente tem paradoxos a oferecer e não problemas fáceis de serem resolvidos."

— Joan Scott, *O enigma da igualdade*

Apresentação

Decepcionada. Foi assim que me senti quando a mocinha de cabelos longos, lisos e loiros se aproximou da minha mesa, no café da Livraria Cultura.

Era uma tarde cinzenta no inverno paulistano de 2015, e eu ansiava por desvirtualizar a amizade do Facebook com a minha articulista favorita do HuffPost Brasil.

Ela me deu um beijo esbaforida e, ao primeiro oi, não consegui deixar de pensar: "Essa pirralha não pode ser aquela mulher sábia, politizada, profunda conhecedora das dores femininas, precisa nas análises e cujos textos viralizam mais que nudes...!"

Logo a decepção deu lugar à vergonha. Eu estava julgando a Tayná pelo seu jeito de menina, como se eu mesma não soubesse o que é deixar de ser criança antes da hora. Como se eu mesma não mantivesse acesa a chama da indignação por não se poder ser quem se é, impunemente, em um mundo patriarcal.

Ainda bem que a deusa escreve certo por algoritmos tortos; aquele era um encontro de almas.

Tayná veio convicta da decisão de trocar a carreira de executiva pela vida de empreendedora, e me havia escolhido para orientá-la na estruturação de um negócio de coaching e palestras para mulheres.

Eu não fui em busca de nada além da "tietagem", mas ganhei uma lição sobre não julgamento. Ganhei uma amiga, uma irmã de propósito e, quatro anos depois, a honra de apresentar este livro.

Chego à última página certa de que a Tayná pós-Cacá é uma mulher ainda mais consistente e assertiva, que conseguiu o feito raro de blindar-se contra a amargura residual do amadurecimento.

Gestar, Parir, Amar: Não É Só Começar é a declaração de missão da Tayná, a mulher que sabe ser Rocha e Leite: contundente e nutritiva, perfurante e reconfortante.

Ela derruba mitos sem, contudo, pisar nos sonhos. Ao contrário, promove-os a aspirações dignas da nossa inteireza.

Ela nos absolve da culpa sem, nem por um momento sequer, promover a omissão. Ao invés disso, estimula a nossa responsabilidade na justa medida — a do gerenciamento do que é gerenciável.

A leitura desta obra vale por um *coaching*, uma vez que nos conduz do espaço-problema ao espaço-solução. Vale por um curso daqueles cujo certificado você faz questão de pendurar na parede. Vale por uma palestra da qual você sai transformada.

Este livro é para você que deseja ser mãe e quer se preparar para responder aos desafios sem perder a sanidade, pois ele não apenas enumera problemas, como amplia possibilidades.

Se você não quer ter filhos e busca argumentos para fundamentar a sua decisão, este livro vai municiá-la com a crueza da realidade. Não tema: você é uma de nós e também será acolhida.

Se você já é mãe, não importa em que fase esteja, vai encontrar uma resposta libertadora, ainda que irritante num primeiro momento.

E se você, como eu, já tem filhos adultos, vai ter a oportunidade de passar a limpo a sua jornada. Foram várias as passagens em que me emocionei ao me lembrar de mim como mãe solo do Pedro, hoje um homem do bem e feliz — ufa!

Pode ser que você chore durante a leitura, mas vai ser aquele choro bom, de quando conectamos as pontas que ficaram soltas na nossa linha do tempo. Sabe quando tudo faz sentido? Você vai ter vários *insights*, principalmente se você sente que não se encaixa em nenhuma tribo.

À Tayná, a minha gratidão por me orientar nesse resgate. Nisso reside a magia da sororidade além da hashtag: a alternância de papéis que nada têm a ver com hierarquia e poder, e sim com empatia e desejo de incluir.

Permita que este livro também guie você do medo ao amor, da culpa ao protagonismo. Se a culpa é a armadilha que nos paralisa no passado, o protagonismo é o lugar de assumir o futuro, a plataforma a partir da qual podemos escrever a nossa história, ou pelo menos criar novas morais para velhas histórias.

Aceite o convite. Dê a mão. Receba o abraço. Você não está mais sozinha.

Priscilla de Sá

Prefácio:
Encontrar a mulher naquela mãe, encontrar a mãe naquela mulher

Por Nana Queiroz, autora de *Presos que Menstruam*; *Eu, Travesti*; e *Você Já É Feminista: Abra este livro e descubra o porquê*

Mergulho na obra de Tayná enquanto dou, feito um bebê, meus primeiros passinhos na maternidade. E este livro me transporta de volta ao parto do meu filho Jorge, há quatro meses. Lembro-me do que disse no momento em que senti a cabeça dele rasgar meu corpo, preparando-se para existir de maneira autônoma e me inaugurar como mãe:

— Tira ele, tira ele! Eu vou morrer, eu vou morrer!

Na hora, achei que eu estava falando de dor. Não estava. Estava falando de medo. Medo da pessoa que eu me tornaria quando ele saísse. Medo daquela morte de mim quando a mãe nascesse. Morte daquela mulher inteligente, espontânea, cheia de ideias, de energia, uma máquina de criação de novos projetos e de quilômetros corridos para queimar a ansiedade.

O corpo do Jorge descola-se do meu e eu pergunto:

— Ele está vivo? Está vivo?!

— Sim, Nana, este é o Jorge — e o corpinho dele, só dele agora, encosta-se no meu. Um corpo de mãe.

— Meu amorzinho, meu amorzinho... — *Silêncio.* — Foi tão difícil... Está ardendo tanto a minha vagina.

Aquelas falas meio trôpegas eram, na verdade, uma filosofia espontânea sobre a maternidade: questionei a vida, ancorei-me no amor e voltei ao corpo. Mas só cheguei ao amor depois de questionar a vida. E só assim pude abraçar aquela dor que era minha. Eu ainda estava viva. Eu ainda era aquela mulher — só que muito mais cansada.

Demorou uns dias para eu me capturar de volta, para eu enlaçar a velha Nana com todas as suas novas camadas. Tinha um luto, sim, um luto que este livro foi ajudando-me a estruturar, organizar, entender, superar. Acolher os novos machismos que a condição de mãe tinha me apresentado, sem jamais aceitá-los.

Ser mãe, Tayná me contou, era ser a velha lutadora, só que com novas batalhas.

Era entender que sempre seria mais fácil para o meu marido — não importa o quanto nossos acordos fossem justos — porque ao sair de casa ele seria o máximo e eu, o mínimo. Aceitar que o home office poderia ser uma bela armadilha e não a solução dos sonhos para uma maternidade equilibrada.

Era também entender que eu tinha mais controle do que imaginava, que eu ainda podia ser protagonista da minha história mesmo sem cair na cilada da "meritocracia" (uma ilusão em um país em que mulheres sequer começam a competir a partir do mesmo ponto). E tinha a chance — quase inédita até a nossa geração — de criar um homem que não precisaria abrir mão de suas doçuras para amadurecer. Que poderia dizer "eu te amo" sem medo de que as lágrimas lhe tomassem os olhos. Um homem que saberia que a qualidade de seus sentimentos, e não a quantidade de mulheres que "faturou", determinariam seu valor.

Ser mãe era gritar para o mundo uma nova maneira de existir, de maternar, de gestar, de parir e de amar. Não era só começar. Mas esse livro, este sim, fortaleceu-me para embarcar numa linda introdução. E aposto que lhe vai dar ferramentas para começar sua jornada de descobrir a mãe naquela mulher e a mulher naquela mãe também.

Introdução

Antes de me tornar mãe, eu já havia lido muito sobre todos os assuntos que envolvem a maternidade moderna e já frequentava alguns grupos virtuais de mães. E eu já me incomodava com a polarização entre mães que romantizam tudo que permeia o universo materno e as que parecem estar o tempo todo reclamando da vida.

Embora haja, à primeira vista, um movimento pela desromantização da maternidade, o que eu percebo é que, tanto para quem romantiza quanto para quem tenta desromantizar, a definição de maternidade passa por essa aura santificada, profunda ou absurdamente transformadora e transcendente, como se fosse assim para **toda mãe**. Como se fosse uma experiência que todas vivem da mesma forma. Como se fôssemos todas iguais.

De um lado, textos e mais textos sobre o quanto a maternidade é uma dádiva, uma bênção, uma glória divina concedida apenas a pessoas especiais e capazes de encarar esse desafio transcendente (como se não houvesse milhares de vidas gestadas única e exclusivamente por um erro de cálculo). De outro, inteiras dissertações sobre como o maternar é solitário, sofrido, nos leva à exaustão, à perda da nossa própria identidade e a uma vida de banhos de cinco minutos, sem lavar o cabelo por semanas, mas que no final nos transforma de modos inexplicáveis e transcendentes.

Eu não me identificava em nenhum desses lugares — até porque, sendo sincera, eu nunca demorei mais do que cinco minutos no banho, e meu penteado preferido sempre foi o coque mesmo.

Como feminista militante, pesquisadora de assuntos relacionados à desigualdade de gênero e profissional de desenvolvimento humano que trabalha exclusivamente com mulheres há cinco anos, bem como pela minha própria vivência com amigas e colegas do mundo corporativo, tenho cada vez mais pensado em tudo isso como mais uma faceta do machismo que nos aprisiona de tantas formas diariamente.

Verbalizar que a maternidade, tão desejada, celebrada e na qual mergulhei e mergulho de forma tão intensa (ainda que também muito privilegiada), é o principal grilhão que nos aprisiona, e escancarar o quanto a culpa, alimentada pelo mito do amor materno como algo instintivo, é o elemento que sustenta toda desigualdade de gênero foi um processo difícil e complexo para mim e que está em boa parte refletido em minhas análises neste livro.

Acredito cada vez mais que é a culpa a vilã pela exclusão e discriminação de mulheres no mercado de trabalho, em suas vidas afetivas e pelo seu cansaço físico e emocional. É a culpa que, em última instância, nos diferencia secretamente até do homem mais parceiro e responsável do mundo em sua paternidade. E é a culpa, então, que faz com que o mercado perca talentos e produtividade, que os homens percam a conexão com seus filhos. E as mulheres, bem... as mulheres, vocês já sabem.

E a culpa é tão sorrateira que ela nos faz acreditar que estamos fazendo escolhas que verdadeiramente não são nossas. Que escolhemos abrir mão daquela promoção que tanto sonhamos, daquele projeto incrível que tem o nosso número, daquela viagem. É a culpa que nos faz achar que somos mães insuficientes, mesmo quando estamos 24 horas por dia com nossos filhos, inventando brincadeiras pedagógicas e educativas e alimentando-os com refeições balanceadas, preparadas com alimentos orgânicos. É a culpa que nos deixa reféns de todo o tipo de sistemas: cesarista, do desmame, da cirurgia plástica, da indústria alimentícia tóxica, da indústria farmacêutica.

Combater o discurso da culpa e a sua naturalização enquanto destino materno se tornou uma missão pessoal e em toda oportunidade profissional e pessoal que eu tive eu fiz isso. Em processos de *coaching*, palestras ou em rodas de amigas. De grupos no WhatsApp aos artigos para os veículos de comunicação dos quais sou colunista (*Huffington Post* e *Revista AzMina*), a reflexão consciente sobre a culpa e suas facetas se tornou minha bandeira dentro do feminismo, e o autoconhecimento, minha própria arma para tal.

Não há culpa que resista ao protagonismo! Não há culpa que se sustente em uma mulher com sua autoestima reconstruída e em contato genuíno com sua vulnerabilidade. Não há culpa que não sucumba perante a capacidade de fazer e assumir suas escolhas, ao mesmo tempo em que integramos a influência do sistema em nossa análise. E é libertas da culpa que poderemos nos munir, todas juntas, da força necessária para combater algo que não é um problema individual, e sim estrutural. Somente libertas da culpa é que poderemos chamar à responsabilidade todos os demais atores envolvidos na criação e educação de uma criança: pais, mercado, Estado e a sociedade como um todo.

Não é uma tarefa fácil! Compreender que a maternidade é compulsória ou que o instinto materno, na verdade, é construído socialmente não nos poupa de contradições e sentimentos perturbadores, muitas vezes conflitantes. Este é outro ponto importante que, por vezes, a academia e a militância feminista (especialmente de redes sociais) ignoram: lutar contra um sistema não nos coloca fora dele e muito menos nos imuniza contra ele. Soma-se a tudo isso que somos seres humanos únicos, individuais e dotados de subjetividade construída de forma complexa e singular — e está feito o nó!

Este é um dos grandes desafios do meu dia a dia profissional: trazer consciência do poder de escolha, ao mesmo tempo em que denuncio a violência estrutural e sistêmica que permeia a nossa existência feminina.

Especialmente em um contexto no qual tantas mulheres buscam soluções fáceis e milagrosas — de um lado gurus (nem sempre bem-intencionados) vendem um discurso de empoderamento pautado na meritocracia; de outro, uma parcela da militância e da academia se dedica a destrinchar problemas, sem necessariamente apresentar soluções que passem pelo sujeito e o livre-arbítrio —, este livro serviu também para organizar minhas ideias e dar nome ao que me incomodava ao não me encaixar em nenhum dos discursos e narrativas em que me queriam colocar: nem o de vítima absoluta das circunstâncias, nem o de que "depende só de mim".

Não haverá igualdade de salários, de liderança, política ou respeito ao corpo da mulher enquanto não reconhecermos que estamos diante de um problema único e estrutural: a desumanização da mulher. Tratar os problemas de forma isolada não ajuda, ao contrário, atrapalha!

Quem trabalha com e sobre igualdade, empoderamento ou outra questão ligada a gênero precisa tocar nesses pontos. Precisa ao menos reconhecer o vínculo entre as violências e então efetuar seus recortes. Não dá para ficar apenas na superfície tratando "da importância de se vestir bem para a autoestima", "do batom empoderador" e achar que tudo é uma questão de força de vontade, tanto quanto não dá para desistir de tomarmos as rédeas e o controle de nossa existência.

E eu gostaria que este livro fosse minha pequena contribuição, seja para profissionais da área, seja para mulheres que querem, assim como eu, assim como tantas de minhas clientes e das mulheres da minha vida, organizar as ideias do incômodo, dar nome ao que parece tão complexo ou simplório demais.

Eu demorei exatos 19 meses para me reencontrar dentro de mim e ter a certeza de que tudo ficaria bem e me lembro como se fosse hoje do momento em que me dei conta disso e da paz que me acalentou.

Meu molequinho ainda chora quando chegamos na escolinha, mas agora para antes mesmo que eu, o papai ou a vovó saia. Ainda não dorme a noite toda, mas aceita o papai e as vovós, e não apenas eu. Na semana em que ficamos longe muitos dias e pela primeira vez em quase 30 meses, eu realmente me desconectei dele por longas horas e voltei a ser eu mesma. Foquei 100% o que estava fazendo e me esqueci por alguns instantes de que eu era mãe. Fui apenas a Tayná, vivendo meu propósito de corpo e alma. E isso me deixa tão feliz e orgulhosa porque perceber que eu voltei para mim mesma me faz ver que eu quero sempre voltar para ele. Tornou-se realmente uma escolha no momento em que percebi que eu poderia ir embora. Ao saber que, sim, eu sou **eu** e apenas **eu**. E sou **também** mãe do Cacá. Porque eu quero. Porque eu escolho. E esse é um privilégio que, infelizmente, a minoria das mulheres tem.

Nem todo mundo admite que em muitos momentos nesse início de maternidade (e talvez depois também), tememos não voltar nunca mais para nós mesmas, e isso a torna uma prisão. Há momentos em que estamos mães porque não temos opção, por nos termos perdido de nós mesmas.

Então, este livro é sobre voltarmos para nós mesmas. Sobre encontrarmos a mulher que já fomos e a mulher que queremos ser. É sobre a mulher que **podemos** ser.

Ele é sobre a violência com que mulheres e mães são tratadas — muitas vezes simbólica e naturalizada como biologia e instinto —, sobre feminismo e sobre sororidade.

Ele é também sobre libertar-se de forma consciente e ajudar outras mulheres a fazerem o mesmo. Ele é sobre assumir as nossas escolhas e sobre tirar das nossas costas o peso que não deveria ser só nosso. É sobre compartilhar, sobre rede de apoio e sobre coragem. A coragem de falar o que, muitas vezes, não temos coragem de assumir sequer para nós mesmas. Ele é sobre lágrimas choradas e lágrimas engolidas.

Ele é sobre sonhos, sobre angústias, injustiças e medos. Meus e que também podem ser seus.

Ele principalmente é sobre alternativas para um mundo que não está legal do jeito que está e que não precisaria ser assim!

No fundo, ele é sobre esperança.

CAPÍTULO 1

Maternidade Compulsória

O Sonho

Nunca sonhei em ser mãe. Nunca gostei de brincar daquelas bonecas que imitam bebês. Aliás, sempre me senti desconfortável ao redor deles ou de crianças pequenas. Sabe aquela pessoa que as crianças amam e que sabe como agir ao lado delas? Então, essa pessoa não era eu! Nunca gostei indiscriminadamente de pimpolhos, nem de cachorros. Gostava de alguns, definitivamente não de todos; certamente não daqueles que insistiam em me perseguir em longas viagens aéreas seguidas de reuniões importantes.

Sempre gostei de brincar de Barbie e de imaginar como seria a minha vida adulta: independente, cheia de *glamour*, interessante e cheia de aventuras. Enxergar-me adulta sempre foi uma defesa para os momentos difíceis da minha infância conturbada, e me ver independente parecia ser a chave que abria um mundo onde a felicidade dependia única e exclusivamente de mim.

Assim como nunca sonhei em ser mãe, também nunca imaginei que me casaria tão cedo (aos 25, após seis anos de namoro), e, quando a vida me apresentou o amor da minha vida aos 19 anos, fui realmente pega de surpresa. Mesmo assim, sempre segurava a questão da maternidade e respondia com "um dia sim" a quem perguntasse sobre filhos, muito mais para que parassem de me incomodar do que por efetivamente sentir esse desejo.

Essa vontade irresistível que as pessoas têm de perguntar, quando encontram uma mulher casada e sem filhos, quando vem a prole, ou observam uma mãe com um bebê (muitas vezes, ainda no puerpério) e já questionarem os planos para o segundo filho, ilustra bem como as pessoas se sentem autorizadas a julgar e regular aspectos tão íntimos da vida de uma mulher quanto a reprodução (obviamente se você já tiver dois filhos, ainda mais muito próximos de idade, nem se atreva a pensar no terceiro, pois "tudo tem limite, não é mesmo?!"). Fato é que todo ano respondia "daqui a uns 5 anos". Cheguei a cogitar que houvesse algo errado comigo e com os meus sentimentos.

Colocam tanto na nossa cabeça, que a mulher nasce para ser mãe, que a mulher só se torna completa depois de passar por essa experiência transcendental e que não há no mundo amor maior, que fica fácil se convencer de que se não estamos sentindo isso é porque há algo de errado com a gente. Defeito de fábrica. Deve ser. Só pode ser.

Não lembro exatamente o dia em que o relógio começou a fazer tique-taque. Hoje posso afirmar que havia pouco de biológico na minha decisão, mas, como todas em minha vida, muito pragmatismo e boa dose de reflexão. Parecia estar na hora. Hora de voltar para casa (eu vivia há alguns anos em São Paulo fazendo ponte aérea com o marido em Curitiba) e parar de evitar, ou, como gostava de dizer, tirar o goleiro de campo. No fundo do meu coração sempre achei (ou sempre soube) que demoraria para engravidar. Não sei exatamente o motivo, mas essa sensação me acompanhava desde sempre.

Fato é que, em novembro de 2013, meio que por acaso, parei de tomar anticoncepcional, após quase 14 anos de uso praticamente ininterruptos. A princípio, não queríamos que fosse rápido, até porque eu acabava de entrar em um novo emprego. Apenas iríamos deixar rolar.

E assim os meses foram passando… com alguns momentos de ansiedade, outros de esquecimento completo de estar tentando engravidar. Passou o primeiro semestre e um certo incômodo foi batendo no meu coração. Estaria na hora de fazer exames mais específicos? Ou deveria esperar os 12 meses recomendados pelos médicos?

O fato de estar em uma fase de desmotivação no trabalho, somado ao meu receio íntimo de que a coisa fosse demorar a acontecer, trouxe ansiedade e angústias não previstas e que me deixaram um tanto desconcertada. Logo eu, tão pragmática. Optei por deixar essa decisão (investigar logo ou esperar) nas mãos do meu médico, certa de que ele me tranquilizaria, convencendo-me de que estava sendo precipitada e talvez um pouco neurótica (já havia ouvido ambas de pessoas próximas). Qual foi minha surpresa quando ele concluiu que não havia mal em já investigar o marido, uma vez que se tratava de um exame indolor e de fácil elaboração (não é exatamente o que ele acha a respeito, mas certamente é menos invasivo e arriscado do que a maioria dos exames a que estão sujeitas as mulheres nesse processo).

Assim, as investigações começaram juntamente com a ansiedade e o empoderamento. Comecei a estudar tudo o que julgava ser necessário sobre concepção e adentrei em um admirável mundo novo, a começar pela descoberta de que eu ignorava completamente os ciclos fisiológicos e hormonais do meu corpo e que a concepção é, de fato, bem mais difícil do que imaginamos quando fazíamos sexo na juventude, morrendo de medo de que mesmo "tirando", e apenas um dia após o término da menstruação, poderíamos engravidar![1]

É incrível como todo mundo (sério, absolutamente todo mundo!) tem uma história de alguém que engravidou quando "relaxou". Que tentou por anos e quando esqueceu do assunto, pimba! Que adotou e depois engravidou. Que nem fez sexo e engravidou (sim, já ouvi essa).

Você, portanto, começa a pensar em como fazer para esquecer esse assunto, para desencanar, pois, aparentemente, parece ser esse o segredo da fertilidade. Será sua a culpa do fracasso nas tentativas?

---

1   Engravidar é possível sempre que se faz sexo desprotegido e mesmo com o uso de métodos contraceptivos (inclusive combinados), pois não há meios 100% seguros de preveni-la. O que quero dizer aqui é que as chances de concepção são baixas se comparadas ao que imaginamos quando estamos com medo de engravidar na juventude. Um casal saudável que faça sexo desprotegido tem 80% de chance de engravidar em um período de 12 meses. Nos momentos de tensão, temos certeza de que essas chances são 100% e isso faz com que muitas tomem pílula do dia seguinte, chás etc. de forma bastante ignorante e perigosa para o nosso organismo, por desconhecer como de fato funciona o ciclo reprodutivo e quais as chances de gravidez em cada etapa desse ciclo. De nenhuma maneira estou aqui encorajando sexo desprotegido ou alegando que existem formas 100% efetivas contra uma gravidez indesejada.

Da sua ansiedade que a acompanha desde sempre? E agora? Será o benedito que a ansiedade é pior do que usar crack, ter 15 anos, não querer filhos e ter feito laqueadura? (Porque, sim, todas essas mulheres também engravidam.) E mais: será que você é a única surtada nesse mundo tentando ter um filho? Onde estão todas aquelas pessoas que lhe cobravam filhos, que nunca contaram a você que engravidar não era tão fácil assim?

Então, você entra na internet e descobre que existem centenas de grupos de tentantes, com milhares de mulheres à beira (ou dentro) de um ataque de nervos e que vão ficando grávidas — não porque relaxaram, mas porque investigaram e resolveram problemas fisiológicos que atrapalhavam a natureza de seguir seu curso ou, simplesmente, porque o tempo passou. Assim como também existem outras tantas que estão ali desde o primeiro mês de tentativas, engravidam facilmente após dois ou três meses e, depois, dizem que engravidaram porque "relaxaram". E, claro, tem também as que não engravidarão nunca, e as que têm abortos de repetição cujo luto sequer lhes é permitido viver plenamente.

Nesse processo, descobri e conheci mulheres com um sofrimento enorme por se sentirem incompletas, inferiores, diminuídas, inválidas e incapazes. Mulheres que sofrem em silêncio, com perfis *fakes* para que ninguém saiba que elas estão ali naquele grupo abrindo seu coração para estranhas que se tornam suas melhores amigas, pois mal conseguem conversar com as amigas de sempre. Mulheres compartilhando uma rotina excruciante, enfiando um termômetro na vagina todas as manhãs para medir a temperatura basal, muitas tomando injeções diárias para trombofilia, fazendo testes de ovulação, testes de gravidez, testes de sanidade mental; e é nesse processo que começamos a nos perder de nós mesmas. Mulheres que não conseguem viver essa dor no "mundo real" e se permitem vivê-la com essas amigas virtuais, que, tendo ou não passado exatamente pelo mesmo problema, estão de alguma forma compartilhando o sofrimento de não poder viver a experiência de gestar da forma que sempre idealizaram, ou que idealizaram por elas. Que sentem a dor de não poder cumprir o papel mais importante de todos. Aquele que nos assegurará o amor incondicional e indescritível e que nos colocará no lugar mais sagrado: o de mãe.

Quando falo em maternidade compulsória, estou referindo-me ao fenômeno social que faz com que mulheres sejam vistas como feitas para a maternidade ou destinadas a ela – a dinâmica estrutural que as coloca em uma posição em que a maternidade é natural, óbvia e até desejada. Não estou trabalhando com um conceito específico, mas com o conjunto de teorias e teóricas que trabalham com o tema e que aparecem ao final deste livro como referência bibliográfica.

Refletindo hoje sobre tudo o que aprendi a respeito de maternidade compulsória, vejo o quanto ela é construída de modo a nos fazer realmente acreditar que nossa vida não será completa, não será válida e que não seremos mulheres inteiras se não cumprirmos nossa função reprodutiva. Eu mesma, que nunca desejei a maternidade, que nunca pensei que pudesse não ser inteira, vi-me embrenhada nessa sensação de incapacidade quando fiz desse novo sonho meu principal objetivo de vida.

Nada me fez aprender tanto sobre maternidade compulsória quanto o meu período de tentativas. Ver mulheres — eu inclusa — esquecendo-se totalmente de sua subjetividade e individualidade para colocar todas as suas expectativas de felicidade em cima de algo sobre o que elas têm muito pouco controle, e que mudará para sempre o modo como serão vistas socialmente (não para melhor, como veremos mais adiante), é um dos aspectos mais tristes.

Em abril de 2015, recebi de uma amiga que, assim como eu, estava na luta com as tentativas da gravidez, só que há bem mais tempo, uma mensagem desconsolada. Consegui entender perfeitamente a sensação que ela descrevia ao relatar que seu irmão mais novo, ainda sem emprego e na faculdade, engravidou a namorada que tomava pílula; ela teria, portanto, mais um sobrinho (pois sua outra irmã mais nova estava grávida do segundo filho). Em seu desabafo, ela se perguntava, como todas nós em algum momento nos perguntamos: "Por quê? Por que eu não?" E a parte que mais me tocou: "O que ainda preciso aprender para que Deus me torne merecedora deste filho?"

Na mesma semana, uma de minhas melhores amigas descobriu a gravidez de seu segundo filho. Eu estava desconfiada pelas nossas conversas e resolvi dar-lhe alguns testes para que ela tirasse logo a dúvida; ela não estava exatamente tentando. Quando recebi a mensagem dela, meu coração acelerou muito mais do que quando soube do primeiro e era uma felicidade enorme. Fiquei emocionada e não senti uma gota de tristeza ou de injustiça. Fiquei apenas pura e genuinamente feliz! Ocorria que, no mesmo dia em que ela me deu essa notícia, eu teria consulta com a médica que realizaria em mim o procedimento (videolaparoscopia) para verificar e tratar uma possível endometriose.

Cheguei à consulta no horário com os exames pré-operatórios em mãos e sentei no sofá branco da clínica de reprodução humana. Foi a primeira vez que fui sozinha e, por alguma razão que na hora não compreendi, comecei a ficar apreensiva. Logo me chamaram. Entrei na sala da médica que eu ainda não conhecia e entreguei o encaminhamento do meu médico e os exames pré-operatórios. Ela me fez contar a história toda desde o início. "Há quanto tempo está tentando?" "Fuma?" "Bebe?" "Alimentação?" "Tem dores?" "Quais exames já fizeram?" Ok, tudo isso já estava na ponta da língua. Era a minha vez de perguntar: "Acha que o meu caso é endometriose mesmo?" "Quais as chances de engravidar após o procedimento?" "Como funciona a operação?" "Como é a recuperação?" Ela começou a me explicar tudo, e o meu olho se encheu de lágrimas. Ela me ofereceu um lenço de papel; engoli o choro. "E então? Vai querer marcar a videolaparoscopia?" Respondi: "Sim, vamos lá!" Data marcada e consentimento assinado, reconhecendo que estava ciente dos riscos. A única data disponível era 2 de julho, 11 dias antes do meu aniversário de 31 anos.

Assinei todas as guias, despedi-me da simpática recepcionista, paguei o flanelinha que me perguntou se eu estava bem e entrei no carro. Joguei os exames no banco de trás e desabei a chorar com a cabeça no volante. O flanelinha bateu no meu vidro e levei um susto tão grande que parei de chorar na hora. Ele me perguntou de novo se estava tudo bem. Sorri e liguei o carro.

No trajeto, quase anestesiada, acabei por fazer-me exatamente as mesmas perguntas que a minha amiga. Por que eu não? O que ainda preciso aprender? Passei a tarde assim e cheguei a ficar 40 minutos no banheiro chorando. Não conseguia conter, não conseguia parar. Saí do banheiro porque imaginei que pessoas iriam querer usá-lo em algum momento.

Voltei para o escritório e passei o resto do dia fitando uma tela em branco, tentando trabalhar sem nenhum sucesso. Esse sentimento é duplamente difícil de lidar. Em primeiro lugar porque você se sente injustiçada, mas principalmente porque você se sente culpada por isso. É difícil falar sobre esse sentimento; há o medo de ser julgada e de as pessoas não entenderem que você não está triste pela gravidez alheia, ao contrário, mas que não consegue entender o que há de errado com você. Se você mesma se culpa, por que os outros não o fariam?

Dias depois, resolvi cancelar a videolaparoscopia e deixar a natureza agir — ou não — no seu tempo. Decidi que eu era um ser completo e que, por maior que fosse o desejo de ser mãe naquele momento, não deixaria que ele me definisse.

Não vou ser hipócrita e dizer que a ansiedade passou por completo. Optei por encarar todo o processo como mais uma prova de amor e sabedoria do Universo comigo. Enxerguei a oportunidade única de me preparar para ser uma mãe mais consciente de seu papel no planeta, uma mãe com um corpo conectado ao seu espírito, que, por sua vez, começa a se conectar ao Todo.

Como me lamentar dessa oportunidade? Como negar esse privilégio tão raro? Minha própria mãe não o teve. Não pôde preparar-se para ser mãe nem na minha gravidez, nem na do meu irmão. Foi surpreendida e abandonada de diferentes formas nas duas circunstâncias. Foi julgada, questionada e humilhada como nenhuma mulher deveria ser.

A maternidade compulsória é assim cruel porque ela vitima todas as mulheres: as que desejam ser mães e não conseguem; as que não o desejam, mas se veem mães; as que desejam e se tornam mães, na maior parte das vezes, sem ter a menor a ideia do que realmente as espera. Somos todas algozes e vítimas nesse circuito de imposição e culpabilização em que os únicos que saem ganhando são os homens.

Depois que me tornei mãe, passei a olhar para a minha própria mãe com outros olhos e com muito mais compaixão. Penso muito no dia em que ela me pariu e em como deve ter sido difícil aquele momento tão ambíguo para uma menina assustada de apenas 20 anos, sozinha em um hospital frio em pleno inverno paulistano.

Sei que de alguma forma ela me desejava, e por mais difícil que tenha sido estou certa de que o meu nascimento foi um dia feliz, mas fico imaginando todas as dúvidas e incertezas que devem ter surgido na cabeça dela enquanto nos olhávamos pela primeira vez. A responsabilidade, o medo, a solidão, a emoção e a alegria. Ao imaginar a madrugada de 12 para 13 de julho e aquela menina assustada de olhos verdes, não sinto nada que não seja um profundo amor e uma gratidão, não apenas pelo dia em que nasci, mas por tantos outros que me trouxeram até aqui — momentos esses que certamente incluem, mas não se limitam à minha maternidade.

Ter filhos pode ser um papel lindo e nobre, e certamente para algumas pessoas é maravilhoso, mas em uma sociedade que adora nos relegar ao status de meras reprodutoras precisamos defender com unhas e dentes a nossa individualidade. Você pode e deve ser feliz com ou sem filhos e ir em busca da realização dos seus sonhos e desejos, independentemente das imposições sociais. Você não precisa ser perfeita — e nem Mulher Maravilha.

Não nasci para ser mãe e tenho inúmeros outros motivos para viver. Eu quis ser mãe para somar a ele e a mim. Eu quis ser mãe para repassar valores que acredito serem importantes. Eu quis ser mãe por diversas razões, e nenhuma delas é sentir-me plena ou mais completa. A bem da verdade, "plena e mais completa" é o que a gente menos se sente nessa jornada, e essa é a outra grande sacanagem da história: dizem-nos que a maternidade preencherá todos os vazios, mostrará todas as recompensas, e que todos os esforços valerão a pena. Esquecem-se de nos contar que a maternidade também servirá para nos isolar, excluir, apedrejar e para perdermos oportunidades. Colocam-nos em um pedestal, dentro de uma redoma de vidro, onde parecemos protegidas, mas na verdade estamos reféns.

E mais: afirmar que ser mãe é o maior e melhor papel que uma mulher irá desempenhar e o único que "revelará sua essência" coloca em qual lugar mulheres maravilhosas que optaram ou não puderam ter filhos?

Outra questão importante sobre a maternidade compulsória é como o mercado passa a nos enxergar como bombas-relógio quando entramos "naquela fase". Nunca me esquecerei dos olhares dos recrutadores quando me perguntavam se eu queria ter filhos e respondia: "Sim, estou tentando." E, mesmo que eu não o dissesse, a conta parecia fácil: perto dos 30, casada há algum tempo. Sem chance! Na época, eu não imaginava o quão grave e profunda era essa realidade de desigualdade e isolamento. Dediquei um capítulo inteiro a ela neste livro, pois é essencial não nos calarmos e nem sermos coniventes com esse tipo de prática de exclusão de mulheres, que se baseia na própria imposição social da maternidade. Eu me vi, então, sem conseguir recolocar-me no mercado e, ao mesmo tempo, sem conseguir engravidar, sentindo-me refém de minha suposta incapacidade; o que é ainda pior com tantas mulheres que precisam de seus empregos para sustentar suas famílias (muitas vezes, inclusive, por terem sido abandonadas pelos pais de seus filhos, como veremos no capítulo sobre paternidade).

Para começar a repensar a maternidade compulsória, precisamos também reposicionar e dividir a responsabilidade pela concepção. Apenas a título de exemplo, em 2016, quando uma participante do BBB16 fez sexo (aparentemente consentido) sem proteção com outro participante, por toda a internet choveram críticas e julgamentos à mulher dizendo que ela estava se desvalorizando, sendo burra — e outras coisinhas finas. Não me lembro de ter visto um comentário sequer, a não ser de feministas, condenando a atitude — ou a falta dela — do moço de não pedir um preservativo à produção do programa ou interromper o ato sexual.

Enquanto a prevenção, a concepção[2] e o compromisso de evitar uma gravidez for preocupação de apenas uma das partes envolvidas no ato sexual, não avançaremos nas discussões em torno de maternidade/paternidade. Não avançaremos na pauta da legalização do aborto, na assistência humanizada às gestantes e muito menos na divisão do peso da maternidade e das responsabilidades sociais que vêm com ela. Enquanto a mulher for a única culpada por uma gravidez indesejada, a sociedade continuará desrespeitando seus direitos individuais básicos, pois sempre a verá como a promíscua que não manteve as pernas fechadas.

---

2   O estudo sobre um possível método anticoncepcional injetável para homens teve seus testes clínicos interrompidos após os voluntários relatarem diversos efeitos colaterais, como alteração na libido, aumento de acne e mudanças de humor. Disponível em: https://brasil.elpais.com/brasil/2016/11/10/ciencia/1478768514_580072.html. Acesso em: 17 mar.2019.

Hoje vejo como meu processo — o de alguém que não sabia se queria ter filhos a uma tentante desesperada, depois desencanada, passando por grávida superzelosa, puérpera plena e, hoje, mãe militante e ativista da emancipação da mulher e da desromantização da maternidade, ao mesmo tempo em que me aprofundo em meus estudos de gênero e de desenvolvimento humano — foi um privilégio incrível de autoconhecimento e uma oportunidade única de aprendizado.

A primeira conclusão a que cheguei com essa experiência é que as pessoas repetem ao infinito frases sem sentido que podem até ser parte da experiência delas, mas que estão baseadas em uma total falta de empatia com o sentimento da outra, além de não terem nenhum embasamento científico.

A segunda é a de que, infelizmente, muitas das que sofreram, que penaram, que choraram quando viram aquelas gotas de sangue, um dia tão desejadas e hoje tão malditas, guardam essa frustração como um segredo, contribuindo ainda mais para a sensação que toda tentante tem de ser a única louca psicótica ficando de pernas para cima após mais uma tentativa de engravidar. Minha desconfiança de que o mesmo ocorria em relação à própria maternidade se confirmou quando, até hoje, constato o quanto escondemos, mentimos, sofremos em silêncio por acharmos que somos defeituosas, estranhas, erradas e inadequadas. E isso acontece apenas porque não nos contaram que é assim mesmo. Tudo poderia ser mais simples se as mulheres se ajudassem, em vez de criarem tabus sobre temas familiares a todas nós. Nos sentiríamos menos alienígenas, a famigerada ansiedade (que pode não atrapalhar a concepção e a maternidade, mas certamente torna o processo mais sofrido) seria mais contornável, e, principalmente, as expectativas em relação a nós mesmas seriam mais leves.

Desromantizar a maternidade e o lugar em que colocamos mulheres que se tornam (ou desejam tornar-se) mães significa também debater e enfrentar a maternidade compulsória. Libertarmo-nos da culpa e do julgamento (as outras e a nós mesmas) são passos essenciais em direção à igualdade de gênero e a um mundo de fato rico em diversidade.

Este livro é uma tentativa de poder retribuir de alguma forma tudo que aprendi no meio do caminho, seja na pele, nas rodas de conversa, na internet, no olho no olho, nos segredos que me contaram mulheres envergonhadas.

A gravidez: o que não te contam

Descobri a gravidez quatro dias antes do atraso da menstruação e me preparei para ela por cerca de três anos. Embora fosse oficialmente uma tentante há pouco mais de dois anos, como feminista eu já estudava e, de certa forma, militava nas questões relacionadas à violência obstétrica e neonatal, o que me levou a pesquisar bastante todos os assuntos relacionados à gestação e ao parto. Nada disso, porém, realmente me preparou para o que seria uma das experiências mais assustadoras, incríveis e loucas da minha vida.

Foi na gravidez que comecei a compreender o que de fato era essa tal de competição materna e como as mulheres são infantilizadas, silenciadas e têm suas vontades desconsideradas durante um processo que é essencialmente delas. Aprendi que é mentira quando dizem não haver julgamento contra quem fez cesariana ou não quer/conseguiu amamentar, e que a maioria das pessoas está, sim, o tempo todo julgando mães, em vez de julgar um sistema violento e abusivo contra mulheres e bebês.

Mas, antes de contar como tudo transcorreu para mim – e terminou em uma cesariana que me rasgou muito mais do que as sete camadas de músculo abdominal –, quero falar sobre o sistema obstétrico e de atenção às gestantes brasileiro.

Se você não é mãe, ou foi mãe antes da internet e das redes sociais, permita-me contextualizar. Em grupos de mães e gestantes (e de mulheres, em geral, nos quais assuntos maternos invariavelmente acabam surgindo), há uma competição sobre quem seria "mais mãe". Essa discussão surgiu inicialmente (ao que me consta) em alusão aos frequentes comentários de mulheres que fizeram cesariana e/ou não amamentaram, em postagens que defendiam parto normal e/ou amamentação, dizendo que elas "não eram menos mães por não terem parido/amamentado".

A discussão nunca foi e nunca será sobre quem é "mais mãe" ou "menos mãe" (até porque, como veremos ao longo deste livro, mãe é um lugar dado socialmente, e não há como sermos mais ou menos mães diante de um empregador, por exemplo); mas, dessas discussões inflamadas e, convenhamos, vazias, surgiu a expressão *menas main*, e costumo brincar com esse "menas" para qualquer coisa que envolva estar abaixo ou em oposição ao que a sociedade nos impõe enquanto expectativa de performance materna.

Vamos aos fatos. Para a Organização Mundial de Saúde (OMS), o índice razoável de cesarianas é de 15%, ou seja, a cada cem gestações 15 terminariam em cirurgia por razões de saúde da mãe ou do bebê. E é exatamente para essas 15 que a cesariana existe, e todas damos graças à ciência e à medicina por isso. Ocorre que 55% dos brasileiros vêm ao mundo por esse método, chegando-se a espantosos 80% na rede particular. Há consenso de que o parto normal é menos arriscado para a mãe e o bebê do que uma cesariana. Quem está dizendo isso não sou eu ou as militantes do parto natural — que são chamadas de malucas e que foram carinhosamente apelidadas de "azíndias". É a OMS, o Ministério da Saúde e até a Federação Brasileira das Associações de Ginecologia e Obstetrícia.[3] Como escreveu o sociólogo e político Daniel Patrick Moynihan (1927-2003), "você tem direito a suas próprias opiniões, mas não tem direito a seus próprios fatos."

---

3   Existe vasta literatura nesse sentido, e dados atualizados podem ser encontrados facilmente no site da OMS, do Ministério da Saúde e da Febrasgo. Algumas matérias de apoio sobre o assunto podem ser encontradas em:

https://nacoesunidas.org/oms-publica-novas-diretrizes-para-reduzir-intervencoes-medicas-desnecessarias-no-parto/; https://super.abril.com.br/saude/por-que-o-brasil-e-campeao-mundial-de-cesarianas/;

https://noticias.uol.com.br/saude/ultimas-noticias/estado/2018/02/15/com-novas-recomendacoes-oms-tenta-frear-explosao-de-cesareas.htm. Acesso em: 18 mar. 2019. Indico também os documentários da série *O renascimento do parto* e o blog da Dra. Melania Amorim, referência na obstetrícia brasileira e reconhecida internacionalmente: http://estudamelania.blogspot.com.

O Brasil é o líder mundial no número de cesarianas, e isso gera uma série de outros problemas, como o nascimento prematuro (e consequentemente internação em UTIs de bebês que deveriam e poderiam estar nos braços de suas mães nesse momento tão assustador que é nascer) e dificuldades na amamentação, apenas para começar. A responsabilidade por esse sistema que lucra em cima da vida e da saúde de mulheres e crianças é de muitos atores, incluindo profissionais da área da saúde, em geral, especialmente médicos, hospitais, gestores públicos e políticos. E ele se retroalimenta de mitos sobre o parto normal, do medo e fragilidade de gestantes, da desonestidade e preguiça da maioria dos obstetras somados ao fato de tornarmos a figura do médico uma autoridade incontestável, fazendo com que tantas mulheres sejam levadas para uma cirurgia desnecessária e, o mais grave, contra sua vontade, muitas vezes por acharem que não tinham escolha e que, se insistissem em esperar a hora de seu bebê, colocariam a vida dele em risco. Não é à toa que 76% das mulheres começam a gestação querendo um parto normal (em casa ou no hospital), mas 55% terminam em cesariana.[4] É sempre a mesma história: no começo da gravidez, "não se preocupe, mãezinha, ainda é cedo para falarmos sobre parto"; e quando se aproximam das 38 semanas, o obstetra começa a criar medos na cabeça da gestante, dando razões esdrúxulas para fazer uma cesariana (que ela obviamente acredita serem mais do que válidas).

Em 2016, a Agência Nacional de Vigilância Sanitária (Anvisa) criou normas para as maternidades, visando diminuir as cesáreas desnecessárias, e a própria Febrasgo determinou que cesáreas eletivas só poderiam ser marcadas a partir da 39ª semana de gestação.[5] Como, em geral, os médicos arrumam uma falsa indicação de cesárea para facilitar a sua própria vida, na prática pouco mudou.[6]

---

4   Ver https://exame.abril.com.br/brasil/cesarea-ou-parto-normal-o-que-os-brasileiros-preferem/. Acesso em: 17 mar. 2019.

5   Ver http://portalarquivos2.saude.gov.br/images/pdf/2016/marco/31/MINUTA-de-Portaria-SAS-Cesariana-03-03-2016.pdf. Acesso em: 17 mar. 2019.

6   Ver http://estudamelania.blogspot.com/2012/08/indicacoes-reais-e-ficticias-de.html. Acesso em: 18 mar. 2019.

Se há consenso da ciência quanto à melhor via de parto na maioria das gestações, se a responsabilidade pelos catastróficos e vergonhosos números brasileiros claramente não é da mulher, qual é a razão dessa competição materna que só machuca ainda mais e violenta diariamente mulheres que já se encontram, por si só, em uma condição de fragilidade e hipossuficiência diante de seus médicos e da sociedade que, desde a gravidez, querem infantilizá-las e colocá-las em uma bolha que as aprisiona?

Basta uma matéria, um texto, uma publicação, uma foto de alguém falando sobre parto natural, parto humanizado, ou qualquer tipo de parto que envolva um bebê passar pela vagina de uma mulher, que chovem comentários em defesa da cesariana (ou, mais especificamente, de suas próprias cesarianas). O mais triste é que, lendo os comentários, percebemos a quantidade de mulheres que sequer sabe que foi enganada. Que acredita que precisou fazer cesárea porque não teve dilatação, porque o bebê não estava encaixado ou era muito grande, muito pequeno, estava enrolado no cordão ou qualquer outra das 1001 razões que os médicos usam para enganar mulheres.[7]

Além de ser o campeão mundial de cesarianas, o Brasil também ostenta o título de ser um dos campeões de prematuridade (no Brasil, quase 12% dos bebês nascem prematuros, sendo que esse número se concentra sobretudo nas regiões mais desenvolvidas do país).[8] Boa parte dessa prematuridade é iatrogênica, ou seja, causada pelos próprios profissionais quando uma cesariana é agendada supondo-se que o bebê esteja maduro, mas ele nasce prematuro. Esses bebês frequentemente vão para a UTI por desconfortos respiratórios e outros problemas evitáveis, ocupando a vaga daqueles que realmente precisam dela por motivos inevitáveis.

Em suma, o Brasil tem um problema de saúde pública que deve ser enfrentado. A OMS reconhece isso, o Ministério da Saúde reconhece isso, mas as mulheres acham que a crítica é a elas. O que

---

7   Idem.

8   Ver http://g1.globo.com/bemestar/noticia/2013/08/quase-12-dos-partos-realizados-no-brasil-sao-prematuros-diz-unicef.html. Acesso em: 18 mar 2019.

meu próprio processo de parto ensinou é que infelizmente muitas vezes é mesmo. Muitas mulheres militantes dos movimentos pela humanização na assistência obstétrica brasileira acabam, sim, apoderando-se do discurso de uma causa para diminuir outras mulheres e, consequentemente, alimentam o distanciamento das pessoas do movimento.

Precisamos aprender a debater fatos, números, estatísticas, evidências científicas sem levar para o pessoal tanto quanto precisamos parar de atacar mulheres para defender uma causa, seja ela qual for. Precisamos também nos apropriarmos de fato de nossas escolhas, responsabilizando-nos por elas. E talvez seja este o grande objetivo deste livro: contribuir para que mulheres possam cada vez mais assumir o controle de sua maternidade, carreira e, em última instância, de suas vidas.

O fato de eu escolher fazer alguma coisa não invalida evidências científicas e estatísticas, e isso se aplica a parto, amamentação, alimentação, educação e a tudo na vida. Eu posso optar por fumar, mas seria no mínimo visto com ares de surpresa em pleno século XXI usar argumentos como: "Mas meu avô fumou por 97 anos e morreu de bala perdida." Ou: "Minha mãe nunca fumou e teve câncer de pulmão." Estamos todos em consenso de que nenhum desses dois brilhantes argumentos invalidam o fato de que fumar aumenta bastante a chance de se desenvolver câncer de pulmão ou outras doenças associadas ao fumo. "Mas eu quero fumar!" Fume. Eu mesma parei de fumar apenas na gravidez, mas nem por isso saio tentando justificar que a certa sou eu e que falar sobre os malefícios do cigarro na sociedade é frescura.

Outra dificuldade é diferenciar pautas estruturais de questões individuais. Já ouvi muitas mulheres dizendo que se sentem julgadas por optarem pela cesariana ou por não amamentarem seus bebês. Falam inclusive em "ditadura do parto normal", e quem as lê imagina logo alguém indo às suas casas, amarrando a mulher na maca e obrigando-as a parir a todo custo, quando o que ocorre é exatamente o contrário. Embora possa haver, sim, julgamentos individuais, o sistema favorece a cesariana e o desmame (falaremos sobre amamentação logo mais). A mulher que optar pela cesariana vai encontrar rapidamente um médico que atenda a seu pedido e não terá sua escolha questionada por cerca de 80% dos profissionais. Não podemos dizer o mesmo da mulher que deseja um parto normal e que, como vimos, na maioria das vezes é induzida por esses mesmos 80% a realizar uma cirurgia que ela não desejava em primeiro lugar.

Quando falamos de estruturas de poder e sobre como o sistema olha para a mulher e a coloca reiterada e sistematicamente em lugares de subalternidade, seja do ponto de vista formal (leis), seja do ponto de vista material (práticas reiteradas e aceitas ou até encorajadas socialmente), não estamos falando do nosso círculo social — a nossa "bolha" — e da nossa realidade. E ter que aturar julgamentos e palpites, por mais chatos que sejam, não é uma violência estrutural.

Não existe uma ditadura do parto normal. O que existe é um sistema que rouba partos covardemente! Para a maioria das mulheres, a única escolha disponível é enfrentar o sistema para parir ou se submeter a uma série de intervenções dolorosas, desnecessárias e traumáticas. Tanto uma quanto a outra caracterizam violências obstétricas das quais as mulheres brasileiras são vítimas diariamente. Parto humanizado é aquele em que a mulher é tratada com respeito e colocada no centro do processo.

Não se trata de julgar mulheres ou enaltecer quem pariu. Eu mesma não pari. Trata-se de denunciar e combater esse sistema que nos aprisiona. É importante compreendermos isso porque a gravidez é apenas o início desse processo. A mesma lógica perversa se perpetuará em toda a jornada da maternidade, e o tempo inteiro nos deparamos com essas falsas escolhas que, no fim, servem apenas para nos fazer sentir contentes com nossas próprias algemas e grilhões. Guardem essa analogia. Ela vai voltar ainda muitas vezes por aqui.

Ao chegar na reta final da minha própria gravidez, ficou ainda mais evidente para mim como o sistema cesarista é injusto com mulheres e bebês. Você está enorme, cansada, sem dormir, pois não há posição que não seja dolorida ou em que não lhe falte ar, ou piore a azia, ou todas as anteriores. Sua bexiga leva você ao banheiro 30 vezes ao dia para fazer duas gotas de xixi; seu esôfago mais parece uma avenida daquelas europeias e você ronca igual a um porco (mesmo acordada, dependendo da posição!).

Então vem a suprema autoridade mor, divindade do conhecimento em nossa sociedade, também conhecida como médico, e diz que "seu bebê já está pronto" e que "com 37/38 semanas, não há problema nenhum em nascer". Se a mulher não se informou muito, não está ciente de que o seu bebê não está pronto até que você entre em trabalho de parto e que há, sim, problema em tirá-lo antes do tempo dele, por que cargas d'água ela iria querer continuar nessa situação? Tudo o que se quer é apegar-se a "ele está pronto" e "não há problema em encerrar isso agora". Evidentemente, há casos em que cesariana precisa ser feita ou o parto precisa ser induzido antes da hora, e isso não significa que "não há problema" e nem que "ele está pronto", mas que os riscos de manter a gestação são maiores do que os riscos de interrompê-la, seja para a mãe, seja para o bebê. Foi o que aconteceu comigo.

Minha jornada rumo à gravidez me deu uma boa amostra de como palpites e julgamentos, misturados com cobranças e expectativas, quase sempre são permeados de uma infantilização da mulher, questionando-a sobre sua capacidade de agir e seu poder sobre si mesma. Existe uma liberdade — bem conhecida — que as pessoas concedem a si mesmas quando se trata de dar palpites sobre maternidade/gravidez/tentativas, e creio que toda mulher em algum momento já vivenciou isso. É curioso inclusive como todas reclamam disso, mas acabam fazendo o mesmo com mulheres que fazem escolhas diferentes das delas.

O mais chocante no que se refere especificamente à maternidade é como as pessoas se sentem no direito de dizer na sua cara que torcem pelo seu fracasso (ou, no mínimo, duvidam muito do seu sucesso). É quase como se o fato de a pessoa não ter feito x, y ou z impedisse qualquer outra mãe de tentar — com sucesso — aquele feito.

Se amanhã você disser para uma amiga sedentária que começará a malhar às seis horas da manhã, o máximo que ouvirá é: "Nossa, que coragem!", mas o comentário seguinte costuma ser algo como: "Parabéns!", "Isso mesmo, cuidar da saúde é essencial!", "Tomara que dê certo! Depois me conta!" e assim por diante. Agora, experimente dizer que não dará chupeta para o seu filho ou que você pretende amamentar exclusivamente. Primeiro, vem um olhar irônico (no melhor cenário, encerra-se nele); depois, começam: "Aham, daqui a alguns meses a gente conversa!", "Afe, toda mãe de primeira viagem pensa assim…", "Na prática a teoria é outra!", "A chupeta salvou a minha vida, você é louca!", "Duvido que você vá conseguir!" e por aí vai, com variações mais ou menos agressivas.

O que me incomoda nesse tipo de comentário não é o compartilhamento da experiência ou o próprio relato, e sim essa quase torcida pelo fracasso e, principalmente, esse tom de acusação para se defender, como se o fato de uma mãe não dar chupeta para o próprio filho de alguma forma agrida a mãe que deu. Isso não faz o menor sentido.

Uma vez respondi ao enésimo comentário desanimador sobre a chupeta: "Amiga, eu sou uma pessoa inteligente! Basta olhar ao redor e evidentemente percebo que a maioria esmagadora das crianças no mundo usa chupeta, e isso não deve ser à toa! Sei que é difícil não dar e que é possível que eu mude de ideia ou até crie um altar de adoração à chupeta logo no primeiro mês. Mas assim como posso achar acordar às seis horas da manhã para fazer exercício uma ideia praticamente impossível de se cumprir na minha realidade, incentivo que cada uma que se proponha a isso alcance o seu objetivo, e você também pode fazer o mesmo! E mais uma coisa: o fato de eu ser sedentária e jamais, nem em mil anos, considerar a ideia de acordar às seis para fazer exercícios não invalida todas as pesquisas e evidências científicas que comprovam a importância de se exercitar para a saúde ou os perigos do sedentarismo!" (Em tempo: por aqui seguimos firmes, e, até o fechamento da edição deste livro, com mais de dois anos e ele nunca colocou uma chupeta na boca.)

Isso se aplica a todas as discussões em foros maternos: parto, amamentação, alimentação, sono, educação, disciplina etc. O sucesso de uma ao atingir algum objetivo pessoal não implica absoluta ou necessariamente no fracasso de outra.

Uma mãe que vai contra a corrente provavelmente — ou certamente — estudou e pesquisou bastante sobre o assunto em questão. Ninguém acorda um dia do nada e pensa: "Sabe do quê? Não vou dar açúcar pelos primeiros dois anos ao meu filho e acho que vai ser superfácil e tranquilo!"

Essa jornada tentando engravidar, depois grávida e, por fim, mãe, mostrou-me que precisamos fundamentalmente de empatia, protagonismo — e interpretação de texto, mas são artigos que andam em falta. Parece que muitas mães se esquecem das dificuldades de quando eram grávidas sofrendo as inúmeras pressões envolvidas, assim como muitas grávidas se esquecem da pressão de tentar engravidar. Por outro lado, a ausência de protagonismo faz com que as escolhas alheias soem como uma afronta às minhas quando elas são apenas escolhas. E isso vale também para muitas mulheres do ativismo materno que acabam se portando de forma incrivelmente cruel com quem não fez a escolha que elas mesmas fariam.

Fazer cesariana depois de um intenso trabalho de parto induzido foi o fechamento necessário para eu compreender esse aprendizado de empatia, compaixão e protagonismo da forma mais profunda e íntima possível.

Sempre acreditei que viemos à Terra nesta vida para aprender e evoluir em algum sentido. Carma, darma, missão, propósito são para mim palavras diferentes para um mesmo conceito que tenho enraizado no meu ser e que faz com que ao longo de toda a minha curta, porém intensa, existência sempre me esforce para ressignificar todo e qualquer acontecimento bom ou ruim que o Universo me apresente. Tudo o que vivo e vivi me faz aprender algo e me transforma em uma mulher melhor. Foi assim que me tornei controladora, e foi também assim que desapeguei para compreender que não temos controle sobre nada a não ser, justamente, sobre como sairemos de uma experiência. Isso para mim é a essência do protagonismo.

Quando soube que estava grávida, a alegria foi tão grande e profunda que só queria concentrar-me nessa experiência e vivê-la da forma mais inteira possível. Eu já havia aprendido a minha lição, pensava, nada de querer controlar o incontrolável. Não teve enxoval em Miami, não teve viagem de despedida, mas teve muita leitura e pesquisa.

Quanto ao parto, estava tranquila. Não havia o que dar errado já que não estava mais criando expectativas — ou, ao menos, era o que eu pensava. Algumas pessoas alertaram para que me preparasse psicologicamente para a possibilidade de uma cesariana e evitar, assim, uma eventual frustração, mas tranquilamente dizia que não precisava de preparo: estava resolvida quanto a essa possibilidade e a aceitaria numa boa se fosse realmente necessária. Afinal de contas, eu já havia aprendido a minha lição.

Quanto à hipótese de precisar de uma cesariana, tranquilizava-me saber que havia feito a minha parte. Repetia com muita e genuína convicção que não temos tudo sob controle e que as tentativas para engravidar já me haviam ensinado isso. Ledo engano. Ainda havia muito o que aprender.

Domingo, 31 de julho, fui internada por um pico de pressão alta que culminou no diagnóstico de hipertensão específica da gravidez (DHEG) e descambou, no final, em pré-eclâmpsia. Ao me liberar, além dos medicamentos para controlar a pressão, o médico recomendou repouso, drenagem, dieta hipossódica e exames semanais para verificar o quanto poderíamos esperar, já que a indicação era de interrupção da gravidez tão logo eu entrasse na 37ª semana. Nesse dia, tirei uma foto sorrindo com o avental da maternidade e me mantive otimista até o fim. Recentemente, deparei-me com essa foto novamente e fiquei feliz por me ver sorrindo. Lembrei-me de como estava feliz na gravidez e de tudo o que não me contaram mesmo tendo estudado tanto.

O que mais queria era esperar o tempo do meu bebê, ter certeza de que ele estava pronto para vir a este mundo na sua hora e, portanto, respeitei à risca as recomendações médicas. Tomei todos os cuidados possíveis e me conectei, pedindo todos os dias que ele viesse quando estivesse pronto. Arrumamos o que ainda faltava, concentramo-nos única e exclusivamente na chegada dele e esperamos.

Esperei com dores que nunca achei que sentiria. Não conseguia mais dormir em nenhuma posição por causa da barriga e do inchaço. Não conseguia andar poucos metros sem sentir muita dor. Minha respiração em repouso parecia a de um porco, e a pressão estava cada vez mais difícil de controlar. A dose do remédio foi triplicada e continuamos a observar. Os exames permaneciam aceitáveis; seguia esperançosa de que ele viria logo.

A cada consulta semanal eu voltava para casa feliz por termos aguentado mais uma semana e exausta por ainda estar naquelas condições.

No dia 25 de agosto, quinta-feira, foi minha última consulta pré-parto e não teve realmente como adiar mais.

O pai do meu médico falecera logo após eu sair do consultório dele, e outro médico fez a indução do meu parto. Senti uma dor inacreditável e que só aumentava. Uma contração atrás da outra, lágrimas, urros, gemidos e um sofrimento consequente não apenas da dor física, mas da consciência de que não aguentaria, de que nada sairia como havia planejado.

Pedi pela cesárea quando tomei consciência de que eu precisava passar por isso. Fui chorando, triste por não ter conseguido meu parto e imensamente feliz por mais esse aprendizado.

Cacá chegou de cesariana após quase 24 horas de trabalho de parto induzido, naquele 26 de agosto de 2016 que mudou para sempre a minha vida e, possivelmente, a de muitas outras pessoas que convivem comigo; ele me alterou no âmago. Esse dia me fez ter humildade e baixar a cabeça para o imponderável. Permitiu-me olhar para mim mesma com olhos de compaixão inclusive por ter tirado forças nem sei de onde para aguentar as últimas quatro semanas. Esse dia, hoje eu sei, foi o dia em que o Universo me deu um grande aviso sobre a minha pequenez ao mesmo tempo em que me mostrou toda a minha grandeza.

Quando vi Cacá saindo da minha barriga, olhei para o rostinho dele e fiquei sem palavras! Senti absolutamente tudo que achei que eu não iria sentir: amor à primeira vista, onda de ocitocina, uma emoção indescritível. Mesmo assim, sei que essa é a **minha** experiência e ela é recheada de privilégios, recortes e desejos subjetivos que são absolutamente perpassados pela maternidade compulsória.

Mesmo com todos os percalços, tive uma assistência humanizada, respeitosa e de primeiro nível – e paguei caro por ela. Tive e tenho um marido que segurou minha mão, que chorou comigo, amparou-me mesmo estando aos prantos ao ver a minha dor. Quantas mulheres têm isso? Quantas mulheres não estão abandonadas à própria sorte nesse dia de fragilidade e exposição de suas vidas? Quantas mulheres recebem carinho na cabeça enquanto choram para trazer uma vida ao mundo? Quantas mulheres são amparadas depois, no puerpério?

A maternidade compulsória é cruel porque oprime e machuca a todas, mas é ainda mais violenta e desumana com mulheres que já se encontram em situação de vulnerabilidade. Ela é ainda mais violenta com mulheres negras, que têm uma assistência ao parto desumana, sofrem mais violência obstétrica, têm menos acesso a recursos farmacológicos de contenção e diminuição da dor, entre outros fatores.[9]

Vejam, eu aguentei dores que nenhum homem aguentaria e ainda assim me senti culpada por ter feito cesárea. Eu sou desconstruída e estudei muito sobre a construção social da maternidade e ainda assim me torturei por semanas por não ter conseguido propiciar ao meu filho o parto que ele merecia.

---

9   Segundo o dossiê elaborado pela Rede Parto do Princípio para a CPMI da Violência Contra as Mulheres, os atos caracterizadores da violência obstétrica são todos aqueles praticados contra a mulher no exercício de sua saúde sexual e reprodutiva, podendo ser cometidos por profissionais de saúde, servidores públicos, profissionais técnico-administrativos de instituições públicas e privadas, bem como civis. A pesquisa "Nascer no Brasil", realizada em 2014, apresenta dados sobre as intervenções durante o parto em mulheres de risco obstétrico habitual e boas práticas. O estudo mostra que a infusão de ocitocina e ruptura artificial da membrana amniótica foi uma técnica muito utilizada para provocar a aceleração do trabalho de parto. Ambas ocorreram em cerca de 40% das mulheres de risco habitual, sendo mais frequentes nas mulheres do setor público, de mais baixa escolaridade. São as mulheres negras que mais sofrem violência obstétrica, pois são as que mais peregrinam na hora do parto, ficam mais tempo em espera para serem atendidas, têm menos tempo de consulta, estão submetidas a procedimentos dolorosos sem analgesia, estão em maior risco de morte materna. Cerca de 60% das mulheres que morrem de morte materna são negras. É importante ressaltar que a morte materna é considerada uma morte prevenível e que em 90% dos casos poderia ser evitada se as mulheres tivessem atendimento adequado. *Violência Obstétrica "Parirás com dor".* Dossiê elaborado para a CPMI da Violência Contra as Mulheres, Brasília, 2012. Disponível em: https://www.senado.gov.br/comissoes/documentos/SSCEPI/DOC%20VCM%20367.pdf. Acesso em: 18 mar 2019.

Se faria cesárea de novo? Não se puder evitar. A recuperação é ruim, e todo o pacote cirúrgico não me agradou nem um pouco.

Se faria algo diferente? Sim, me torturaria menos com os "e se".

A maternidade está ensinando-me a abrir mão do controle e exercitar e aproveitar o improviso. Cacá me oportunizou aprender a viver e aproveitar um dia de cada vez, obrigou-me a quebrar meus vários dogmas e paradigmas, e eu só posso ser grata ao Universo por me dar essa oportunidade de transformação!

E assim eu aprendi o quanto é importante contar a todas as mulheres o que não nos contam: que somos fortes e aguentamos muito, mas que não precisamos aguentar tudo. Que não somos obrigadas a nada e que juntas, com informação de qualidade, respeito e protagonismo conseguimos muito mais.

Gestar, parir, amar: não é só começar!

Em uma gestação desejada (planejada ou não), quase toda grávida que já conheci dizia sentir-se conectada ao seu bebê e amá-lo desde o ventre. Eu costumava dizer qu não amava o Cacá, pois sequer o conhecia, e sim à ideia que tinha dele na minha cabeça. E o que seria o amor, se não uma ideia, uma construção?

Falar sobre construção social em um tema como o amor e, principalmente, amor materno, é mexer em um vespeiro, pois abala os alicerces de toda a estrutura que sustenta a maternidade compulsória, que, por sua vez, é um dos principais pilares do próprio machismo e, alguns diriam com bastante eloquência, do capitalismo.[10] "Continua difícil questionar o amor materno, e a mãe permanece, em nosso inconsciente coletivo, identificada a Maria, símbolo do indefectível amor oblativo."[11]

E, por tudo isso, esse questionamento é também tão necessário.

Em *Um amor conquistado: o mito do amor materno*, a filósofa francesa Elisabeth Badinter, citada, acima desconstrói habilmente, a partir de uma extensa pesquisa histórica, lúcida e desapaixonada, a ideia de que existe um instinto inato à mulher e partilhado por todas no que se refere tanto ao desejo de ser mãe quanto aos sentimentos direcionados à criança. Ao contrário, ela argumenta com convicção que o instinto materno é um mito, não havendo uma conduta materna universal e necessária. Em uma análise bastante aprofundada, ela nos conduz por uma viagem histórica sobre as simbologias do amor materno ao longo do tempo na França pós-Revolução (Antigo Regime).

---

10   SAFFIOTI, Heleieth. *A Mulher na sociedade de classes: mito e realidade*. 3ª ed. São Paulo: Expressão Popular, 2013.

11   BADINTER, Elisabeth. *Um amor conquistado: O mito do amor materno*. Tradução de Waltensir Dutra. Rio de Janeiro: Nova Fronteira, 1985.

Assim como Badinter, acredito cada vez mais que o amor materno, assim como qualquer outro sentimento humano, tem menos a ver com instinto e mais com os comportamentos e normas sociais, variáveis de acordo com a época e os costumes e passíveis de ser tanto aprendidos como desaprendidos. O que chamamos de amor materno é apenas um sentimento humano como outro qualquer e, como tal, incerto, frágil e imperfeito. Pode existir ou não, pode aparecer e desaparecer, mostrar-se forte ou frágil, preferir um filho ou ser de todos.

Essa desconstrução é importantíssima, pois sempre que naturalizamos algo como instintivo ou normativo do ponto de vista biológico estamos diretamente excluindo, rejeitando e negando a existência de outras possibilidades de ser e sentir, o que historicamente tem justificado as mais variadas violências contra todos os tipos de pessoas. Em outros tempos (não remotos, infelizmente) a ciência já afirmou que mulheres e negros eram menos capazes intelectualmente do que os homens brancos, que homossexualidade era uma doença, assim como a masturbação, e tantas outras afirmações hoje consideradas absurdas. Aliás, o filósofo e pensador Rousseau faz praticamente um tratado da inferioridade feminina em seu clássico *Emílio*.[12]

Ao observar a evolução das atitudes maternas mesmo na história recente, verifica-se que o interesse e a dedicação à criança não existiram em todas as épocas e meios sociais. As diferentes maneiras de expressar o amor vão do mais ao menos, passando pelo nada ou quase nada. O amor materno não constitui um sentimento inerente à condição de mulher e não é um destino, mas algo que se aprende e apreende. Tal como o conhecemos hoje, é produto de uma evolução social que inicia no começo do século XIX. Nos séculos XVII e XVIII, o próprio conceito do amor da mãe pelos filhos era bastante diferente do que consideramos hoje como norma:

> 1780: o tenente de polícia Lenoir constata, não sem amargura, que das 21 mil crianças que nascem anualmente em Paris apenas mil são amamentadas pela mãe. Outras mil, privilegiadas, são amamentadas por amas-de-leite residentes. Todas as outras

---

12 ROUSSEAU, J. J. *Emílio ou Da Educação*. Tradução: Roberto Leal Ferreira. Martins Fontes. 2ª ed. São Paulo. Martins Fontes, 1999.

deixam o seio materno para serem criadas no domicílio mais ou menos distante de uma ama mercenária. São numerosas as crianças que morrerão sem ter jamais conhecido o olhar da mãe. As que voltarão, alguns anos mais tarde, ao teto familiar, descobrirão uma estranha: aquela que lhes deu à luz. Nada prova que esses reencontros tenham sido vividos com alegria, nem que a mãe tenha se apressado em saciar uma necessidade de ternura que hoje nos parece natural. Lendo os números do tenente de polícia da capital, não podemos deixar de fazer uma pergunta: como explicar esse abandono do bebê numa época em que o leite e os cuidados maternos representam para ele uma maior possibilidade de sobrevivência? Como justificar tamanho desinteresse pelo filho, tão contrário aos nossos valores atuais? As mulheres do Antigo Regime terão agido sempre assim? Por que razões a indiferente do século XVIII transformou-se em mãe coruja nos séculos XIX e XX? Estranho fenômeno, essa variação das atitudes maternas, que contradiz a ideia generalizada de um instinto próprio tanto da fêmea como da mulher![13]

O amor materno tem sido por tanto tempo defendido como instintivo que acreditamos facilmente que tal comportamento seja parte da natureza da mulher, independentemente do contexto histórico, social e econômico em que ela esteja situada. Todavia, nada disso se confirma ou se sustenta ao olhar histórico, como bem conclui Badinter, "ao se percorrer a história das atitudes maternas (...) não encontramos nenhuma conduta universal e necessária da mãe. Ao contrário, constatamos a extrema variabilidade de seus sentimentos, segundo sua cultura, ambições ou frustrações".

A defesa nos últimos dois séculos do amor materno como instintivo, essencial e natural da mulher é, em última instância, o que chamamos de romantização da maternidade: a ideia de que toda mulher, ao se tornar mãe, encontra em si mesma todas as respostas à sua nova condição. Como se uma atividade pré-formada, automática e necessária esperasse apenas a ocasião de ser exercida.

Como veremos um pouco mais adiante, essa naturalização do amor materno é maléfica não apenas para as mães como também para os bebês e a sociedade em geral já que, ao presumir como

---

13 BADINTER, Elisabeth. *Um amor conquistado: o mito do amor materno.* Tradução de Waltensir Dutra. Rio de Janeiro: Nova Fronteira, 1985.

universal o amor materno, não admitindo exceções que não sejam aberrações e, portanto, condenáveis ou tratadas como patologias e desvios em todos os campos, acabamos por buscar justificativas dentro desse suposto amor incondicional e inabalável inclusive para comportamentos claramente prejudiciais ao bebê.

Quando usamos o argumento da "mãe bem-intencionada" que ama mesmo quando abusa, machuca, maltrata, posto que admitir que ela o faz porque não ama seria questionar a própria lei universal do amor materno, estamos abrindo passagem para todos os tipos de danos e violência contra a infância.

É importante esclarecer que questionar a naturalização do amor materno não significa negar sentimentos ou dizer que ele não exista, e sim questionar a universalização dele. Leis naturais não admitem exceções, e nós sabemos que este não é o caso de nenhuma forma de amor, nem o materno. Questionar o mito do amor materno enquanto instinto significa tratar o amor pelo que ele é: algo a ser construído, cultivado e nutrido. Algo que tem, sim, um valor imenso, pois representa nossa condição humana. Reduzir o amor a hormônios e instinto apequena esse sentimento sobre o qual inferem tantos fatores que o fazem justamente complexo e único.

> O amor, no reino humano, não é simplesmente uma norma. Nele intervêm numerosos fatores que não a respeitam. Ao contrário do reino animal, imerso na natureza e submetido ao seu determinismo, o humano — no caso, a mulher — é um ser histórico, o único vivente dotado da faculdade de simbolizar, o que a põe acima da esfera propriamente animal. Esse ser de desejo é sempre particular e diferente de todos os outros. Que os biólogos me perdoem a audácia, mas sou dos que pensam que o inconsciente da mulher predomina amplamente sobre os seus processos hormonais.[14]

Pesquisas mais recentes introduziram a ideia de que a gravidez humana não dura apenas nove meses, e sim doze — ainda que este último trimestre aconteça fora da barriga da mãe. De acordo com a antropologia, quando passamos a ser bípedes, muita coisa mudou. Andar ereto e caminhar sobre dois pés fez com que nossa bacia

---

14   BADINTER, Elisabeth. *Um amor conquistado: o mito do amor materno.* Tradução de Waltensir Dutra. Rio de Janeiro: Nova Fronteira, 1985.

ficasse mais estreita e, para isso, os bebês passaram a nascer mais cedo, quando a cabeça ainda poderia passar pela bacia sem grandes riscos. O resultado disso é que os seres humanos passaram a nascer antes de estarem totalmente prontos ou maduros.

Comparado a outros mamíferos, de fato o bebê humano é extremamente dependente. O bezerro mal nasce e já consegue andar; o golfinho nasce nadando; e até um chimpanzé recém-nascido é mais comunicativo que um bebê humano. O bebê humano é molinho, não sustenta nem a própria cabeça, não tem coordenação motora, passa grande parte do seu tempo dormindo e é praticamente cego. Tudo isso porque o cérebro do bebê ainda está em desenvolvimento. Ao contrário dos outros órgãos, que vão crescer em tamanho, mas não em complexidade, o cérebro ainda tem muito a crescer (praticamente 400%) e a desenvolver. Somente as partes mais primitivas do cérebro — responsáveis pelas atividades que não controlamos conscientemente, os reflexos e atividades autônomas como respirar e digerir — estão prontas de fato.

Popularizada como teoria da exterogestação, hoje compreendemos que parte da gestação do bebê humano é conduzida fora do útero. O antropólogo Ashley Montagu foi quem apresentou o conceito que recentemente foi popularizado pelo pediatra norte-americano Harvey Karp com o termo "quarto trimestre". Enquanto a teoria de exterogestação indica nove meses de gestação fora do útero, o Dr. Karp fala somente dos primeiros três meses.[15]

Surgem também muitas teorias sobre a unidade fusional mãe-bebê e bebê-mãe, em que as energias circulam livremente e sem muita identificação entre um e outro. O bebê ainda não compreende totalmente que nasceu, que saiu do lugar acolhedor e seguro que era o útero e não se vê como um ser independente do de sua mãe.[16] A ação hormonal tem sido bastante ligada a esse fenômeno,

---

15 Ver https://www.eusemfronteiras.com.br/exterogestacao-a-gravidez-depois-dos-9-meses/. Acesso em: 19 mar. 2019.

16 Uma das mais expoentes teóricas do tema é a argentina Laura Gutman, que tem best-sellers como *A maternidade e o encontro com a própria sombra*. Laura Gutman considera que a presença da mãe nos primeiros dois anos é fundamental ao saudável desenvolvimento psíquico da criança (futuro adulto) e relaciona a maioria das disfunções e pato-

e a ocitocina, liberada em grandes quantidades tanto no processo do trabalho de parto quanto na amamentação foi cunhada como o "hormônio do amor" e é apontada — erroneamente, na minha visão — como a prova de que o amor materno seria, sim, algo natural, biológico e instintivo.

Parte-se da premissa de que os processos hormonais ocorrem apenas na mulher para justificar a sobrecarga e a exclusividade dos cuidados com o bebê por parte das mães, muitas vezes de forma absurdamente exaustiva e cruel. "Se o hormônio do amor deveria estar ativo, por que é que eu não me sinto conectada a esta criança? Por que é que eu tenho vontade apenas de sumir, de sair correndo?", perguntam-se tantas mulheres na fase tão difícil e complicada que vem a ser o puerpério.

Porque não é assim com todas, porque não é assim sempre, porque os fenômenos psicológicos e sociais humanos são muito mais complexos. Tanto quanto mulheres que sequer gestaram, pariram e amamentaram podem ter vínculos absurdamente fortes com seus filhos, mães biológicas podem gestar, parir, amamentar (por anos até) apenas por imposição social e moral, sem sentir a conexão tão

---

logias emocionais a serem tratadas na vida adulta a questões ligadas ao abandono (físico, psíquico ou emocional) por parte da mãe. Para ela, somos todos crianças em busca do amor da mãe, o tempo todo. Nascemos todos com necessidades semelhantes: nutrição, calor, conforto, cuidado materno, mas cada um tem uma essência da qual vai abrindo mão para obter esse cuidado materno. É o discurso materno, ao longo da vida, que nos "molda", adapta-nos à imagem do que nossa mãe tem como correto ou incorreto, e enquanto crescemos dependemos das palavras maternas para organizarmos nossas experiências. Nossa mãe, por sua vez, também vive um discurso enganado, em busca do amor de sua mãe, que também não estava interessada em nada além da própria mãe e sua aprovação e assim por diante.

Embora eu mesma tenha aproveitado alguns conceitos extraídos do trabalho de Laura em seus livros e considere sua obra uma relevante contribuição em alguns aspectos psicológicos e emocionais do puerpério, tomo a liberdade de discordar dela do ponto de vista social e considero o tom da sua obra bastante culpabilizador e opressor, além de minimizar a importância dos demais agentes na formação psíquica do indivíduo e da própria sociedade na construção da subjetividade.

valorizada em romances e poemas, propaganda de dia das mães ou discursos de formatura enaltecedores do amor materno.

> Esse sentimento [o amor materno] é apenas um sentimento e, como tal, essencialmente contingente. Pode existir ou não existir; ser e desaparecer. Mostrar-se forte ou frágil. Preferir um filho ou entregar-se a todos. Tudo depende da mãe, de sua história e da História. Não, não há uma lei universal nessa matéria, que escapa ao determinismo natural. O amor materno não é inerente às mulheres. É 'adicional'.[17]

Longe de mim querer negar a importância dos fenômenos químicos e seus impactos em nossas emoções; é notório e, creio, consenso que a ocitocina age produzindo prazer, afeto e conexão (empatia). E tudo isso é essencial no processo de parto e primeiros cuidados com o bebê humano tão dependente. Não podemos esquecer, porém, que a ocitocina é liberada também no sexo e em outras situações de conexão humana. E já há boas evidências de que os hormônios funcionam de dentro para fora e também de fora para dentro, isto é, não apenas eles influem em nossos comportamentos, como nossos comportamentos impactam as descargas hormonais.[18]

Do ponto de vista prático, o que quero destacar é que não precisamos naturalizar a relação mãe e bebê para que as necessidades deste último sejam atendidas. Muito menos precisamos romancear sobre parto e amamentação. Tanto essas necessidades podem ser atendidas por outro cuidador de forma igualmente acolhedora e satisfatória, como mães podem suprir as necessidades de seus filhos de início sem estarem nadando no mar de amor que se panfleteia por aí.

Não sentir o amor incondicional e à primeira vista que tanto se proclama é uma das razões mais fortes do sofrimento, depressão e isolamento de mulheres mães, e junto com elas sofrem os bebês e crianças que tanto precisam de cuidados e vínculo nesse início da vida mais do que nunca. Repetir o mantra do amor materno até que ele se torne verdade faz com que se possa mascarar com facilidade qualquer coisa que a mãe faça e que passe longe de ser amor.

---

17   BADINTER, Elisabeth. *Um amor conquistado: o mito do amor materno.* Tradução de Waltensir Dutra. Rio de Janeiro: Nova Fronteira, 1985.

18   CUDDY, Amy. *O ooder da presença.* Rio de Janeiro: 2016.

O amor materno é construído no dia a dia e, como em qualquer outra relação, tem altos e baixos. Há momentos em que dá vontade de fugir, de se esconder, de gritar, de chorar. Diferentemente de todos os outros relacionamentos, porém, este é um relacionamento ao qual as mulheres estão visceralmente presas e o peso de se agir de outra forma (deixando a criança com o pai ou outra pessoa para criar) é absolutamente alto, e poucas se atrevem a pagá-lo.

Compreender as necessidades do bebê humano e se preparar para elas é, na minha visão, muito mais útil e produtivo do que acreditar que tudo virá natural e instintivamente.

Compreender que, porque no útero ele recebe alimento constantemente pelo cordão umbilical, em livre oferta, e portanto ao nascer está programado para satisfazer a fome quando deseja e não de três em três horas, por exemplo, é essencial para tranquilizar mães e pais quanto à amamentação em livre demanda. É importante que essa adaptação — e muitas outras pelas quais o bebê precisa passar — seja feita aos poucos. Por isso, especialistas mais atualizados recomendam que o recém-nascido durma no quarto dos pais nos três primeiros meses, inclusive usufruindo de cama compartilhada sempre que possível. Trazer os homens/pais a essa discussão é urgente e relevante, e muito mais útil do que manter esse disco riscado que só faz mulheres se sentirem inaptas e inadequadas.

Trabalhar em políticas públicas que acomodem as necessidades de mães e bebês, que priorizem a participação paterna e que levem em consideração as necessidades de todos os envolvidos é muito mais útil.

Quantas mulheres então se veem nesse lugar de não amor e simplesmente não falam sobre isso? Quantas se arrependem de terem tido filhos e sofrem sozinhas com este sentimento? Em seu livro *Regretting motherhood* ("Arrependendo-se da maternidade", em tradução livre), a socióloga israelense Orna Donath, de 40 anos, apresenta relatos de mulheres que, mesmo amando seus filhos, voltariam atrás se pudessem, depois que enfrentam o desafio de ser mãe.

As críticas ao trabalho dela foram impiedosas e uma boa amostra de como é difícil falar em arrependimento materno, em maternidade compulsória e, mais ainda, no não amor incondicional, ao mesmo tempo em que temos um número absurdo de crianças abandonadas por seus pais e absolutamente negligenciadas em todos os sentidos pelos genitores masculinos, que frequentemente se beneficiam de justificativas como imaturidade, e sua própria ausência como "instinto" ou "falta de jeito" para a paternidade, para saírem livres dessa relação.

A naturalização do instinto materno tem servido de desculpa há décadas (ou melhor, séculos) para o abandono paterno e também para o abandono materno emocional.Vejam, não estou aqui fazendo apologia ao abandono de crianças.Apenas acredito fortemente que se focássemos esforços no bem-estar da criança, não culpabilizando mães e nem desresponsabilizando pais, teríamos muito menos crianças negligenciadas em todos os sentidos necessários à construção da personalidade, senso de si, autoestima, além é claro das necessidades fisiológicas mais básicas que todo ser humano possui, sendo o amor e o cuidado parte delas.

Perceba-se que não falar sobre mães que não amam seus filhos não impede que isso aconteça. Apenas faz com que essas mulheres escondam no lugar mais profundo de suas almas essa falta de amor que será sentida de forma latente pelas crianças, que se tornarão adultos e, por sua vez, esconderão a sensação de abandono emocional materno lá no fundo de suas almas, repetindo o ciclo, a não ser que se dediquem a um profundo trabalho de ressignificação.

Não falar sobre o arrependimento (que na maioria das vezes, inclusive, é passageiro e normal) faz com que todas as mulheres que sentem isso (e quase todas sentem em algum momento) se vejam como monstros indignos da grande missão que lhes foi confiada e, portanto, mulheres defeituosas.

Não falar sobre as dificuldades, sobre os medos, sobre o lado obscuro da maternidade só tornará o puerpério ainda mais pesado e solitário.

Não falar sobre como não nascemos sabendo como ser mães faz com que pais achem natural que sejamos nós as líderes nessa jornada, e que o mercado atribua toda a responsabilidade por essa função às mulheres e quase nenhuma aos homens.

Em *O segundo sexo: fatos e mitos*, Simone de Beauvoir arremata:

> A fim de provar a inferioridade da mulher, os antifeministas apelaram não somente para a religião, a filosofia e a teologia, como no passado, mas ainda para a ciência: biologia, psicologia experimental etc. Quando muito, consentia-se em conceder ao outro sexo 'a igualdade dentro da diferença'. Essa fórmula, que fez fortuna, é muito significativa: é exatamente a que utilizam em relação aos negros dos EUA as leis Jim Crow; ora, essa segregação, pretensamente igualitária, só serviu para introduzir as mais extremas discriminações.[19]

Precisamos definitivamente escolher melhor nossos inimigos e nossa luta. Se informação é poder, quando não nos contam que maternidade não é instintivo, que a gravidez pode não ser uma experiência sublime, e que tudo bem nos sentirmos péssimas, cansadas e querermos que aquilo acabe logo, sentimo-nos na obrigação de estarmos produtivas como se não estivéssemos literalmente fazendo uma pessoa, o que acaba causando um estresse enorme, afastamento precoce e partos prematuros desnecessários.

Quando nos dizem que o parto é um processo natural, mas terminamos em cesariana 80% das vezes, ou em um parto recheado de intervenções desnecessárias e violentas, estamos sendo abusadas e vitimizadas mais uma vez. Quando as campanhas fazem crer que amamentar é lindo e prazeroso, mas nossos bebês são amamentados por menos de dois meses em média porque nos empurram fórmula, chupeta e ainda nos fazem sentir incapazes e deficitárias, as mulheres passam a buscar justificativas e não se empoderam em seu benefício e de seus filhos.

Ainda que a ciência, a cada dia que passa, comprove cada vez mais os benefícios da amamentação até pelo menos dois anos tanto para a mãe quanto para o bebê, o caminho que leva ao desmame precoce das nossas crias é muitas vezes sutil, quase sempre perverso e sempre passa por uma visão de mundo machista e excludente. É o médico que nos faz acreditar que nosso leite é fraco, a sogra que nos faz duvidar do nosso instinto materno e que não sabemos acolher nosso bebê. É a propaganda do leite artificial que nos vende saúde e

---

19   BEAUVOIR, Simone de. *O Segundo Sexo: Fatos e mitos.* Vol. 1. 4ª Edição. São Paulo: Difusão Europeia do Livro, 1970.

nutrição e um bebê que dorme a noite inteira. É até a propaganda do Ministério da Saúde que faz parecer que amamentar é fácil e sem dores, e quando vêm todas as dificuldades somadas a todo o desestimulo é um balde de água fria que nos faz duvidar de nós mesmas. É a amiga que não amamentou o bebê dela nos dizendo que "mesmo assim ele é supersaudável". É o peito que cai, a dor no bico, as noites mal dormidas. O marido que sente ciúme do nosso peito exposto, e toda uma sociedade que sexualiza o seio feminino desviando-o de seu "projeto de fábrica", que jorra leite na mesma proporção em que jorram lágrimas. É o mercado de trabalho que nos faz voltar com nosso bebê tão pequeno e indefeso e carente de nós. É o tio babão que fica olhando-nos se amamentamos no restaurante, ou a senhorinha com olhar de reprovação no banco do parque. É a renúncia, a pressa da sociedade, a pressa do marido em voltar à vida sexual, a pressa em voltar ao mercado, em voltar para nós mesmas.

Antes mesmo de engravidar, a polarização nas formas de abordar a maternidade — tanto a romantização absoluta, tratando-a como uma dádiva, quanto a de sofrimento total, e ambas, no fim, culminando numa suposta experiência transcendental — me incomodava (como me incomoda em qualquer contexto), e o medo de não me encaixar em nenhuma dessas "tribos" realmente me assombrava.

Enquanto escrevo este livro, mais de dois anos de maternidade depois, coloco minhas próprias conclusões sobre esse papel tão santificado, tão complexo e ao mesmo tempo tão marginalizado em um mundo que nos coloca em um pedestal para depois nos isolar, invisibilizar e julgar as nossas escolhas, sejam elas quais forem.

1. A maternidade para mim é pesada e de longe não é a tarefa que eu desempenho com mais naturalidade. Mas peso para mim é diferente de fardo! Ela é pesada porque me exige muito, demais! Ela me suga tudo! Ela demanda o meu melhor o tempo inteiro e, como a tudo que faço com amor em minha vida, eu me dedico ao extremo! Ser uma boa mãe é algo que me demanda empenho e dedicação muito maiores do que eu imaginava que seriam necessários; a verdade é que eu me sinto incapaz e inapta uma boa parte do tempo.

2. As pessoas se incomodam e julgam (mesmo que digam que não) o tempo todo as escolhas que divergem das suas próprias, e existe uma necessidade enorme de se "comprar" um pacote completo. Vejo isso em todos os ambientes relacionados à gestação/maternidade/educação etc. Parece que ou você faz parto natural, amamenta em livre demanda, usa fralda de pano, faz cama compartilhada, introdução alimentar por método BLW, cria com apego (o que inclui largar sua carreira e construir com suas próprias mãos os brinquedos do seu filho, evidentemente, com madeira reflorestada orgânica), ou então marque logo a cesariana, dê leite artificial, chupeta e papinha industrializada de uma vez.

Eu não me encaixo em nenhum grupo. Não sou diva parideira, e há dias em que acho que vou amamentar para todo o sempre e outros em que quero mandar ele longe do **meu** peito. Voltei a trabalhar, mas faço livre demanda; sou superfã de escolas Waldorf, mas morro de preguiça dos "pais Waldorf"; adoro sling, mas também amo o carrinho.

3. Não existe "divisão de tarefas" com o marido. Simplesmente não tem como esse jogo ser dividido meio a meio no contexto social em que nos encontramos. A premissa é injusta, o ponto de partida é completamente desigual! Eu sempre serei julgada pelos erros, enquanto meu marido é aplaudido por apenas cumprir a sua obrigação. Isso quer dizer que, apesar do item 1 desta lista, raramente escuto um elogio ou "parabéns", enquanto meu marido é bombardeado de olhares encantados por trocar fraldas e dar banho no próprio filho. Minha dica quanto a isso é: use e abuse, pois, já que o jogo é desigual, não podemos ter melindres em pedir o que queremos que eles façam! Falaremos sobre isso no Capítulo 3.

4. Eu choro escondida quando lembro que não vou mais dormir uma noite inteira por alguns anos e demoro mais do que o normal no banheiro para poder ficar um pouco sozinha com meus pensamentos.

5. Sinto saudades de ser apenas a Tayná, e não a mãe de alguém. Tenho muitos sonhos e muitas coisas a realizar e nem todas envolvem o Cacá. Quando digo isso em voz alta, parece quase

um pecado. A verdade é que quero dar a ele o meu melhor e o que tenho de mais belo. Não quero que seja algo que sinta como um sacrifício. Até agora, não tem sido. É difícil, exaustivo, desafiador, intenso, complexo e por vezes até desesperador, mas não me sinto mártir, não me sinto presa e nem quero me sentir.

Voltar ao trabalho me fez e me faz um bem danado nesse quesito, mesmo sendo julgada por isso em certos ambientes. Tenho convicção de que sair para cumprir meu propósito mantendo-me fiel a mim mesma fará de mim uma mãe mais dedicada e feliz! Ainda assim, preciso sempre me lembrar da minha missão de vida: ajudar quem quer mover-se a dar um passo. Pode ser um passo largo, um passinho, uma longa caminhada lado a lado ou apenas pegar na mão da pessoa para ela saber que ela não está sozinha. Fornecer ferramentas, colo, incentivo e provocar a sair da zona de conforto. Não é fácil, não é sem dor, mas é lindo demais ver minhas clientes romperem os ciclos de autossabotagem que as aprisionam e libertarem-se em direção aos seus sonhos e desejos.

6. Maternidade, para mim, é sinônimo de ambiguidade. Os sentimentos todos são extremamente conflitantes, e altos e baixos podem ocorrer no mesmo dia, mais de uma vez. Saber que vai passar é reconfortante, mas também desesperador. Ao mesmo tempo em que tenho vontade de que o tempo pare exatamente no minuto em que ele olha para mim com seus olhinhos vivos e seu sorriso sapeca, parece que uma noite dura dez dias.

7. Ser mulher é difícil; ser mãe, muitas vezes, é isolamento puro. A sociedade quer nos deixar no cantinho das mães, longe das decisões importantes e dos espaços de poder. E uma das formas mais cruéis de fazer isso é nos isolando da nossa cria, fazendo-nos escolher. A sociedade quer me dizer que eu não posso voltar para o mercado e ainda assim amamentar. Ela quer que eu me sinta uma profissional incompleta ou uma mãe relapsa. "Você quer amamentar esse bebê enorme? Faça-o na sua casa então!"

Eu me recuso a ceder! Amamentar é a minha forma de resistir! Amamentar é um ato político e um tapa na cara de uma sociedade machista que quer ter controle sobre o meu corpo e a minha maternidade. Amamentar é ir contra o sistema que me diminui enquanto profissional. Eu me recuso a escolher! Eu me recuso a me afastar dos espaços decisórios porque me tornei mãe. O meu talento e minhas habilidades vêm acompanhados da minha maternidade, e no meu corpo e nas minhas tetas mando eu! Sou uma profissional melhor por ser mãe do Cacá e sou uma mãe melhor por poder exercer meus talentos e habilidades no mercado. Quem não entende e acolhe isso invariavelmente vai perder algo de mim.

Então, vamos falar de sistema, de médicos desatualizados e preguiçosos, de falta de cuidado, orientação e rede de apoio eficiente, em vez de atacar mães que lutam contra tudo isso?

Vamos falar também de uma sociedade que cobra que a mulher esteja logo produtiva, arrumada, cheirosa e sexualmente ativa, e que nada disso combina com amamentação exclusiva?

Vamos falar ainda sobre como a infância é constantemente colocada em último lugar e depois queixam-se de que "essa geração é muito mimada"?

Vamos falar sobre como a maternidade compulsória e o mito do amor materno nos colocam neste lugar sacralizado que, no fim, se volta contra nós, pois nos infantiliza, nos destitui do nosso poder e cria uma competição entre mulheres que não contribui com nada, a não ser com a hegemonia masculina nos espaços de poder e tomada de decisão?

Mais do que tudo, vamos falar! Vamos sair da névoa da romantização para entrarmos na escolha consciente, na decisão informada e na maternidade eletiva e ativa como instrumento de empoderamento e de transformação das gerações que estamos ajudando a construir.

CAPÍTULO 2

Desromantizar é preciso

Culpa materna

Quando falamos sobre maternidade compulsória, pensamos principalmente na imposição social de que a mulher nasce para ser mãe. Ela deve ser mãe para ser feliz e ter realização na vida, afinal de contas nasce para isso — dizem. Se fizermos uma busca no Google com o termo "maternidade compulsória", rapidamente aparecerão vários textos discutindo justamente esse determinismo e se opondo ao odioso movimento *childfree*,[20] que acredita em um mundo onde "só é mãe quem quer" e "quem pariu Mateus que o embale", além de fazer um discurso de ódio, em espaços e fóruns online, contra mães e crianças.

Ocorre que o conceito de maternidade compulsória se aplica também às *expectativas* que nos são colocadas sobre *como* exercer essa função e o quanto isso pode ser — e é — incrivelmente pesado no dia a dia das mães. Nos é dito o que "toda mãe" sente. "Mãe é mãe", "nada como amor de mãe", "colo de mãe", "paciência de mãe". Dessa forma, não me parece equivocado afirmar que o principal alimento da culpa materna é a maternidade compulsória, que, por sua vez, é um dos principais pilares do sistema de perpetuação dos homens em posições de poder e tomada de decisão, enquanto as

---

20 O movimento "*childfree*" ("livre de crianças") inicialmente surgiu para apoiar pessoas que optaram por não ser pais e se sentiam desprestigiadas por isso. Hoje em dia, entretanto, o movimento seguiu outros passos e criou um novo significado: o *Space Childfree*, em que estabelecimentos escolhem proibir a entrada e permanência de crianças, além de ser fórum de discursos de ódio direcionados a crianças e mães.

mulheres ficam relegadas ao domínio doméstico ou a posições de subalternidade e precariedade no mercado de trabalho.

Você quer sair do âmbito do privado para ocupar os espaços públicos? Tudo bem, o preço a pagar por isso será viver com culpa e se sentindo inapta em todas as funções que exerça. E mesmo que você seja forte o suficiente para se libertar da culpa, jamais estará isenta do julgamento externo, que, ainda que você faça um esforço para não o deixar que a afete, invariavelmente lhe custará uma energia imensa para simplesmente ser abstraído.

Eu mesma, antes de me tornar mãe e como boa feminista, pensava que não haveria espaço para culpa na minha maternagem, uma vez que ela nada mais é do que um reflexo da maternidade compulsória e da socialização à qual nós somos submetidas desde que nascemos. Ledo engano! Logo que Cacá nasceu já levei o primeiro balde de água fria e fui cheia de culpa para a cesariana que sempre temi. Nos primeiros dias em casa, não foi diferente de todos os relatos que ouvia: cansaço extremo, dor, medo, insegurança e a maldita culpa que parecia realmente estar mais colada ao meu corpo do que o bebê pendurado no meu peito.

A culpa vem em muitos formatos, e quando parei para pensar mais a fundo sobre ela — agora experienciando-a na minha própria pele —, percebi que, apesar de não ser uma exclusividade materna (a pobre Eva muito antes de ter filhos foi culpada pelas angústias e tragédias de toda a humanidade), ela se acentua na maternidade justamente porque serve ao propósito de nos controlar e nos manter no posto esperado para as mães: a suposta santificação, que nada mais é do que isolamento e confinamento ao espaço de não decisão e não influência, sobre o qual venho falando aqui. Fazer com que as mulheres se sintam culpadas não apenas por não serem mães, mas também pela forma como elas exercem a maternidade, é a jogada de mestre do sistema, pois nos deixa em suspenso em uma condição de inadequação e frustração contínua.

Já me peguei chorando por pensar que talvez não seja muito boa nesse negócio de ser mãe. "Acho que simplesmente não tenho o dom", pensava entre lágrimas. Possivelmente eu seja apenas uma mãe mediana. Passaria por média? Sim, provavelmente. Sou esforçada, estudiosa, dedico-me ao máximo a essa função e mesmo assim não sou excelente nela.

Mais de uma vez me peguei intrigada com comentários, feitos inicialmente em tom de elogio, sobre como eu era desapegada, tranquila e confiante ao deixá-lo com outras pessoas (minha mãe, sogra ou a babá). Uma amiga, na melhor das intenções, perguntou-me como eu conseguiria aproveitar uma viagem que estava programada sem o Cacá (enquanto por dentro estava comemorando o descanso), e não é incomum me perguntarem como eu lido com a saudade quando ele está na escola (saudade essa que eu, sinceramente, sequer sinto, já que ele vai à escola por apenas quatro horas, período no qual estou trabalhando, de todo modo).

Olhem a pegadinha: mesmo quando a gente a princípio não sente culpa, o sistema dá um jeito de você começar a se questionar. Afinal de contas, se você não sente culpa por algo que toda boa mãe sente, certamente há algo errado no seu modelo de maternidade ou, pior ainda, na sua relação com seu filho.

Eu já sofri com comentários de mulheres do meu círculo de amizades — feministas e que vivem escrevendo textos e mais textos sobre acolhimento, empatia e criação com apego na internet — que alegavam que eu não deveria ser mãe, já que meu discurso de desromantização dava a impressão de que eu "odiava tudo o que a maternidade envolvia". Deveria? Será que o fato de não amar passar noites em claro, estar na quinta gripe em quatro meses e mesmo assim não ter folga nem uma noite sequer é tão anormal assim? Será que achar o silêncio da casa absolutamente delicioso quando Cacá vai para a casa da minha mãe é algo dissonante do que uma boa mãe deveria sentir?

Em outra ocasião, meu marido deu a entender, em uma brincadeira infeliz, que eu aproveitava toda e qualquer oportunidade que tinha para deixar meu bebê ir para o colo de outra pessoa. Para ele não foi nada demais, era apenas uma brincadeira ou uma constatação. Uma piada. Para mim? Aquilo me deixou arrasada. Chorei e me senti horrível, porque no fundo é verdade. Sempre que tem alguém junto com a gente eu passo ele para a frente e aproveito para descansar. Isso porque eu trabalho fora e tenho babá, minha mãe e sogra sempre que possível cuidam dele para mim, além de um marido que cumpre suas responsabilidades de pai. Fiquei pensando em todas as mulheres que ficam 24/7 com suas crias e amam fazer isso, e conclui, mais uma vez, que eu certamente não era uma boa mãe. Aquele comentário do marido foi a gota d'água para me sentir a pior das mães do mundo e, consequentemente, a pior das mulheres. Porque talvez eu seja mesmo uma mãe razoável. Uma mãe ok, uma mãe esforçada e não uma mãe excelente. E que mulher sou eu se não for boa o suficiente nesse que deveria ser o meu principal ofício? De que importa se sou excelente em tantas outras coisas? Como não amar cada minuto dessa nobre missão que nos é confiada com tantas expectativas?

Então me peguei pensando sobre como esse discurso é enraizado no nosso inconsciente. Como é quase inevitável isso de nos sentirmos "menas" pessoas se não somos mães absurdamente incríveis. Maternidade compulsória é isso também. Toda essa questão me deixou reflexiva sobre se eu deveria estar sentindo coisas que não estou, culpas que não me pertencem, medos que não gostaria de ter, e se de alguma forma o meu discurso pesa sobre alguém de formas que eu não desejo. Eu já brinquei sobre isso, pois é algo como: "Eu sinto culpa por não sentir culpa." Até que um dia pensei: "Talvez eu não devesse mesmo ser mãe..." E foi nesse momento que minha ficha caiu: mesmo eu, feminista, estudiosa do assunto e alguém que se preocupa com a saúde mental e emocional de mães, preciso refletir continuamente sobre o meu próprio papel nessa árdua tarefa de ser mãe, que é também um ato político.

A desromantização e problematização da maternidade compulsória não apenas é essencial como vai muito além de dizer que "amamentar é difícil mesmo", que "bebês não dormem a noite inteira, mas vai passar" e que "tudo bem se sentir cansada, querida, mas, veja bem, o seu bebê precisa de você!". Precisamos mesmo é passar a aceitar formas diferentes de maternar e compreender que, sim, muitas de nós não nasceram para isso e nem amam a maternidade mais do que qualquer coisa na vida. Que, sim, eu posso ser uma mãe ok cumprindo minhas obrigações e ainda assim amar loucamente meu filho, ou não. Depois de tanto refletir e digerir esse assunto, concluí para mim mesma que não, eu não nasci para ser mãe e, sim, eu sou a melhor mãe que posso ser, e isso não significa que essa seja a função que eu desempenho com mais naturalidade ou maestria e **tudo bem**!

É importantíssimo também pararmos de mentir umas para as outras criando mitos que, na maior parte das vezes, são pura fachada — e, se não são fachada, são absolutamente culpabilizadores. Não é porque algumas mulheres verdadeiramente amam passar 12 horas brincando de "Cadê o neném? Achou!" ou trocar quilos de fraldas, ficar sem dormir e ter toda a sua energia literalmente sugada que todas nós precisamos amar ou sentir prazer com isso. Claro que haverá mulheres que genuinamente consideram a maternidade a missão mais incrível que lhes foi confiada — lindo! Mas não podemos reduzir todas as mulheres a uma única, como se todos os nossos sonhos e aspirações fossem os mesmos.

A discussão não é apenas ser ou não ser "menas main". A discussão é: qual é o problema em ser uma mãe razoável? Em não ser uma mãe perfeita? Qual é o problema se ser mãe não for a função que você exerce melhor na vida? Ademais, são os homens reduzidos a serem ou não bons pais? O que faz de um homem um homem bom? E um pai? E uma mulher? E uma mãe?

A culpa que alimenta esse bichinho que nos aprisiona em nós mesmas é um sentimento muito conflitante. Mistura fragilidade, medo de falhar e ao mesmo tempo um senso de responsabilidade imensa ao saber que, sim, ele, o pai, pode simplesmente sair andando e voltar à sua vida anterior, que pouco vai acontecer. Na melhor das hipóteses, pagará pensão. Talvez seja julgado por uns e outros. Nós não! Simplesmente não conseguimos sequer sonhar com a possibilidade de sair andando para viver nossa vida sem que ela vire um *slut-shaming*[21] e sejamos responsabilizadas pelo que psicanalistas, religiosos e progressistas se unem para considerar o maior trauma na vida de um ser humano: o de ser abandonado pela mãe. Essa sensação de prisão é doida e dolorida! Ao mesmo tempo, ouvimos: "Amiga, seu filho é uma bênção, por que você está se sentindo assim?"

É sempre julgamento, julgamento, julgamento! E eles — os homens — ficam lá, belos e pançudos, curtindo o amor mais leve que existe: o paterno.

---

21 *Slut-shaming* é o processo em que as mulheres são atacadas por sua transgressão aos códigos aceitos como comportamentos aceitáveis e esperados de uma mulher.

Antes de sermos mães, já nos sentimos culpadas por sermos gordas, magras, bonitas, feias, fazer muito sexo, fazer pouco sexo, fazer sexo do jeito errado, estudar, não estudar, casar cedo demais, não casar; quando nos tornamos mães, acrescem-nos ainda da culpa por tudo que aquele ser humano venha a fazer no mundo. Se você é feminista, ai de o filho ser machista. Usa chupeta? Mas e a livre demanda? Amamenta? Mas ele vai fazer seu peito de chupeta! E eu poderia citar aqui um sem fim de exemplos de culpa materna, mas estaria sendo apenas repetitiva e chata.

A boa notícia é que a culpabilização materna é relativamente recente. Foi no século XX que o conceito de responsabilidade se transformou no de culpa.[22]

Comecemos a mudança que queremos ver mudando a forma como enxergamos a nós mesmas. A forma como enxergamos as mães à nossa volta, seja lá em qual tribo nos encaixemos. Antes de julgar uma mulher que trabalha fora, ou que não trabalha fora, ou que deixa os filhos verem desenho, ou que não deixa os filhos verem desenho e assim por diante, pense e lembre o quanto é difícil ser mãe e carregar o peso do mundo sobre seus ombros, mesmo que tenha alguém ali para lhe dar a mão.

Toda essa reflexão se expande quando olhamos para as demais áreas da nossa vida, e a tendência, talvez humana, talvez não, de julgamentos passa pela falta de tranquilidade com nossas próprias decisões e escolhas. A necessidade de se comprar um "pacote completo" gera uma contínua e agressiva autoafirmação de nossas escolhas, muitas vezes por meio da diminuição, ataque e ridicularização das escolhas alheias.

Nasci em uma família nada ortodoxa, no meio de artistas e "bicho-grilos". Tenho um avô hippie que mora isolado em uma montanha na divisa entre o Rio de Janeiro e São Paulo; outro avô boliviano, que é cozinheiro; e um terceiro, engenheiro. Durante parte da infância e boa parte da adolescência, fui testemunha de Jeová que batia na porta das pessoas, morei em um templo Hare Krishna quando era bebê e tenho até a deusa Kali no meu segundo nome.

---

22 Em seus livros, Elisabeth Badinter analisa com profundidade essa questão em termos históricos, sociológicos, antropológicos e psicológicos.

Sempre fui pobre, tendo sempre, por alguma razão, convivido com muitos ricos. Nasci e cresci sendo de esquerda, já fui liberal por um breve período e acreditei muito que a meritocracia poderia nos salvar. No fundo queria mesmo que isso fosse verdade. Hoje trabalho para que todas as pessoas possam ter acesso a um mesmo ponto de partida, ciente de meus privilégios e da responsabilidade que com eles vem. Eu sou a favor do trabalhador, já negociei com os maiores sindicatos do Brasil e trabalhei em grandes multinacionais tempo suficiente para compreender a dificuldade que é fazer negócios (principalmente de forma séria) em um país como o nosso.

Eu defendo o parto normal e fiz cesárea. Amamento em livre demanda e fiz questão de voltar a trabalhar. Não dou chupeta e nem açúcar com muita convicção de que é o melhor para o meu filho, e uma das melhores mães que eu conheço fez as duas coisas. Eu como orgânicos quando posso, adoro carne e amo os veganos. Flerto com tudo que envolve a filosofia vegana e quando estiver pronta a adotarei. Eu adoro bife com ovo e sento em qualquer boteco para tomar pingado. Também acho uma delícia ir a um restaurante refinado tomar vinho e me arrumar para isso, ou não. Realmente tenho uma preguiça infinita de pessoas que compram pacotes completos e se comportam como se suas crenças fossem a única verdade. É arrogante e arriscado acreditar que há apenas uma forma correta de viver, de ser bom.

No meio materno, frequentemente me deparo com postagens online altamente culpabilizadoras de outras escolhas. Um exemplo muito emblemático ocorreu em um grupo que discute disciplina positiva e criação com apego (das quais sou uma entusiasta adepta, diga-se de passagem), em que uma mãe pedia dicas para que o filho ficasse tranquilo com a avó e os primos enquanto ela faria uma viagem de descanso com o marido por três dias. Sim, você leu direito: **três dias**. O filho tinha 2 anos e 4 meses. Choveram críticas, julgamentos e pessoas compadecidas com o sofrimento psíquico da criança que — elas assumiram, sem qualquer elemento para isso — não estaria preparada para se afastar da mãe por "tanto tempo". Felizmente teve também bastante gente, assim como eu, empática com o cansaço da mãe, dando dicas concretas de como ela poderia repousar assegurando-se e tranquilizando-se de que o filho também ficaria bem. Grande parte das críticas (que nunca eram assumidas como tal) vinham com o carteiraço "esse tipo de conduta viola os princípios da criação com apego", assim como em grupos de apoio à amamentação, parto etc. também já vi coisas muito parecidas.

Discursos dogmáticos e culpabilizadores não agregam nada para aliviar o cansaço de mães, mulheres e seres humanos que estão em busca de informação, consolo e conselhos, e não de julgamentos disfarçados de informação. Mais: como veremos quando formos falar sobre criação e educação, precisamos repensar nossa relação com a infância; dogmatizar e estigmatizar a maternidade tem exatamente o efeito oposto. Mães constantemente culpadas e julgadas, cansadas, deprimidas, doentes até, dificilmente conseguirão oferecer aos seus filhos sentimentos *good vibes* como esperam os "fiscais" de internet desses movimentos.

Já vi mães feministas e ativistas zombarem outras mães que não fazem parte de determinadas bolhas por coisas tão bobas e com um tom que, para mim, em nada difere do *bullying* que adolescentes fazem e que é tão criticado por aí. Chamo isso de "lacre quinta série".

Achar que toda mulher que faz cesariana é desinformada, bobinha ou fútil, menosprezar a dificuldade de quem volta ao trabalho e não consegue/quer/pode manter a amamentação exclusiva, ignorar o elitismo dos orgânicos — que, como bem lembrava um amigo dia desses, nem custam tão mais assim para serem produzidos, mas entram direitinho no conceito capitalista da lei da oferta *versus* demanda — e acreditar que seu filho é um ser mais iluminado, floquinho de neve, porque não tem brinquedos de plástico, não assiste à TV ou frequenta uma escola Waldorf não ajuda ninguém! Não ajuda a mãe que você julga, não ajuda você enquanto mãe (com o mesmo peso com que julga, também serás julgado, disse um cara da hora!) e não ajuda mulheres que não são e nunca serão mães. Quem as suas palavras desejam atingir? Falo por experiência que quando diminuímos o outro só damos eco a quem já concordava com a gente. Quando incluímos e acolhemos o pensar diferente, aí sim as palavras reverberam em quem precisa ou deseja fazer uma nova reflexão, incluindo nós mesmas.

Vejam, cresci rodeada de intelectuais. Na minha casa só se ouvia jazz, música clássica e erudita, e minha rebeldia na adolescência foi ouvir pagode. Nada disso impediu que vivesse todos os tipos de violência e as mesmas pessoas tão intelectuais serem as mais abusadoras com as quais me relacionei. Tenho verdadeira ojeriza ao preconceito intelectual, porque várias dessas "mentes iluminadas" são pessoas péssimas, dependentes em inúmeros sentidos, pais horríveis, companheiros misóginos, artistas prepotentes e assediadores E que se sentem no direito de zoar o "burguês" ou o "trabalhador", sendo que há pessoas incríveis nessas classes. Eu mesma já fui julgada como filhinha de papai que ganhou apê, carro e tudo do pai (quando na verdade passava as férias em assentamento do MST) e por trabalhar por anos na Philip Morris, que seria o símbolo do que há de pior no capitalismo, para pagar as minhas contas.

Da mesma forma, não suporto quando alguém acha que intelectual e artista são vagabundos e coloca as pessoas todas nessa caixinha estabelecida de comportamentos e sentimentos preestabelecidos. As pessoas mais incríveis e com as quais mais aprendi na vida são complexas, ambíguas, cheias de dúvidas e histórias de aprendizado. As mais inseguras, mesquinhas e arrogantes são, por outro lado, repletas de discursos prontos, julgamento, textão e pouco praticam o acolhimento que tanto se prega nos manuais de criação com apego.

A verdade é que nunca gostei de pacote completo e muito menos de dogmas (por isso, inclusive, não consigo seguir nenhuma religião e acredito em um pouco de tudo) e sempre tive e tenho muito cuidado ao julgar sistemas, e não pessoas; imposições, e não escolhas. Eu não compro pacote completo! Não tolero nariz empinado de seja lá qual for o movimento e me recuso a ser colocada em uma caixinha, por mais colorida ou florida que seja, que limite minhas escolhas, minha liberdade e a prerrogativa de mudar e evoluir sempre.

Já dizia a maravilhosa Audre Lorde que "não são nossas diferenças que nos dividem. E sim a nossa inabilidade de reconhecê-las, aceitá-las e celebrar tais diferenças!".[23]

---

23 Audre Lorde, "Sister outsider, 'Age, race, class e sex: Women redefining differences".

Criação com apego 24 ou criação tradicional e a síndrome do sobrevivente

O discurso sobre culpa materna e desromantização da maternidade — e o quanto essa imposição de uma maternidade perfeita, de um "pacote completo" de maternar, sobrecarrega mulheres — tem sido muitas vezes cooptado por um movimento de irresponsabilidade e negligência infantil disfarçado de empatia pelas mães.

Ao contrário do que tenho visto em muitos casos, o cuidado com mulheres mães não deveria ser trabalhado às custas da saúde mental, emocional e física de bebês e crianças, mas pelo engajamento dos demais atores envolvidos na criação de uma criança: pais, família, Estado, escola, mercado, a sociedade como um todo. Um sábio provérbio africano diz que é preciso uma vila para educar uma criança. Mas o que temos visto muitas vezes é o "empoderamento" materno vir em textos que mais romantizam o descaso e a falta de informação.

---

24 O termo "criação com apego" (originalmente *attachment parenting*) foi cunhado e difundido pelo pediatra norte-americano William Sears, baseado nos princípios da teoria do apego da psicologia do desenvolvimento. De acordo com essa teoria, uma forte ligação emocional com os pais durante a primeira infância é fundamental para relacionamentos seguros e empáticos na idade adulta. Com base na criação com apego de Sears, a organização sem fins lucrativos Attachment Parenting International (API), fundada em 1994, criou oito princípios que funcionam como ferramentas para esse estilo de criação que vão desde a gestação, parto, amamentação, passando por alimentação e, é claro, educação. Para saber mais indico, além da própria API (http://www.attachmentparenting.org), os sites Paizinho, Vírgula, Elisama Santos, Lá em Casa é Assim e Quartinho da Dany.

Começamos pela via de parto, passando pela amamentação, pela alimentação e até na disciplina encontraremos falas que representam o que chamo de "síndrome do sobrevivente", o famoso "fiz/dei e [a criança] não morreu".

Esse é um ciclo que se retroalimenta, posto que, se não existisse a imposição da maternidade e tudo o que ela representa (como vimos no capítulo anterior), seria também muito mais fácil deixarmos os filhos biológicos para serem criados por quem os desejasse (pai, avós ou até terceiros), afastados dessa figura da mãe "obrigada"; o processo seria mais simples e menos cravado de julgamentos. Da mesma forma, se houvesse equilíbrio e uma verdadeira divisão de tarefas, mães estariam menos esgotadas, exauridas e à beira de um ataque de nervos nas questões relacionadas às escolhas sobre sua maternagem. A necessidade de ser "a mãe abnegada" faz com que nos sintamos obrigadas a justificar nossas ações quando são escolhas, enquanto, de outro lado, o sistema coopta a agência e tomada de decisão de muitas, colocando-as da mesma forma em uma posição defensiva que não deveria existir — e não existiria em um mundo no qual não estivéssemos o tempo todo sendo comparadas, medidas e avaliadas enquanto seres humanos pelo nosso maternar.

A polarização, a completa falta de empatia e compaixão pelo outro e a ausência de um olhar crítico sobre o sistema, as opressões e sobre os nossos próprios privilégios são muito similares seja quando estamos falando de política, seja do uso da chupeta: falta de paciência é o que dá a tônica a todos os discursos relacionados à infância e ao cuidado — e então tudo se encaixa.

Falta paciência para esperar o parto e a hora do bebê. Falta paciência para compreender que a amamentação é um processo longo e, muitas vezes, dolorido. Falta muita paciência para compreender que bebês e crianças novinhas não dormem a noite inteira e que dar colo é acolher, não transformar seu filho na personificação do mal. Falta paciência para disciplinar as crianças de forma positiva, olhando no olho e acolhendo. Falta paciência com os professores, com as outras crianças, com os outros pais e mães. Falta paciência para uma fila de vacina, para esperar a resposta do médico no WhatsApp. (Imagine! Que despudor ele não me responder na hora!) Falta paciência para esperar as crianças andarem, falarem, saírem da fralda, lerem no tempo delas. Falta paciência para brincar e entrar no mundo da imaginação desses seres que construirão o futuro que tanto clamamos. Então, dá-lhes chupeta, remédio, iPad, iPhone e qualquer outra distração para que não peçam o que menos temos: tempo e paciência.

Cada um dos exemplos citados refere-se a postagens e comentários reais e frequentes nos grupos de que participo, de clientes, de amigas, nas palestras: "Não aguento mais de ansiedade; se não nascer até dia tal vou marcar logo a cesárea!" "Meu bebê tem dez dias e ainda não dorme a noite inteira. O que eu faço?" "Meu pediatra me receitou um remedinho que ajudou muito a bebê a dormir melhor!" "Meu bebê só quer ficar no colo e faz meu peito de chupeta! Socorro!" "Eu dei Danoninho e bolacha recheada e ninguém morreu." E por aí vai.

Vamos além: não é incomum nos depararmos com textos, reflexões e até livros que alegam existir uma sociedade em que as crianças são absurdamente mimadas, donas da casa e de seus pais, em que não se respeitam mais as hierarquias. Falta só colocarem a culpa da crise econômica mundial nas pobres das crianças choronas e birrentas.

Engrossando o coro, temos inclusive psicólogos e psiquiatras, como a psicanalista Marcia Neder,[25] que defende estarmos vivendo uma "infantolatria no Ocidente", na qual as crianças são tidas como reis e rainhas e os pais se dobram a todas as suas vontades, sendo essas as causas de todas as mazelas sociais que estamos enfrentando. Argumenta ela, por exemplo, que não há qualquer necessidade de se abaixar para conversar com uma criança e muito menos qualquer problema em gritar com nossos filhos, que todas essas novas regras são um belo de um exagero e apenas reforçam a culpa das mulheres e que precisamos nos libertar dessas crianças ditadoras.

Esse argumento vai bastante em linha com o texto escrito em um grupo sobre a *maravilhosa* educação das crianças francesas que "não fazem birra, pois sabem o seu lugar". Nessa preciosidade literária — contém ironia — você também descobrirá que elas não

---

25 Ver https://m.folha.uol.com.br/equilibrioesaude/2016/05/ 1767129-tirar-filho-do-pedestal-pode-aliviar-culpa-da-maternidade. shtml. Acesso em: 19 mar. 2019

são amamentadas (muito menos em público, já que as francesas são discretas! A quem se interessar, tem também o livro *Mulheres francesas não fazem plástica*) e não incomodam com essas bobagens de beijos, abraços e carinhos tão *démodé*.

Enquanto faço da minha missão de vida ser uma facilitadora no desenvolvimento do protagonismo e liberação da culpa das mulheres (mães ou não) que cruzem meu caminho, aperta o coração o quanto estamos direcionando o foco, mais uma vez, a outro grupo tão ou mais oprimido do que nós: as crianças. Não existe infantolatria em lugar nenhum do mundo. Aliás, segundo a UNICEF, a cada dia, 129 casos de violência psicológica e física, incluindo a sexual, e negligência contra crianças e adolescentes são reportados ao Disque Denúncia. Isso quer dizer que, a cada hora, cinco casos de violência contra meninas e meninos são registrados no país. Esse quadro pode ser ainda mais grave se levarmos em consideração que muitos desses crimes nunca chegam a ser denunciados. Um relatório de 2015 divulgado pela Secretaria Nacional de Direitos Humanos (SDH) mostra que a grande maioria das vítimas (55,73%) tem menos de 11 anos e que as meninas (47%) são mais agredidas do que os meninos (38%). A violência mais comum é a negligência (37%), seguida da violência psicológica (45%), física (21%), sexual (13%) e outras (4%). Em 37,18% dos casos, o agressor é a mãe e, em 17,64%, o pai. E todas essas violências são incrivelmente agravadas quando falamos de crianças negras e/ou meninas. Somos o país onde um adolescente perde a vida por hora e onde quase meio milhão de meninas com menos de 14 anos são obrigadas a se prostituir ou, ainda, a casar com homens adultos que poderiam ser seus pais ou avôs.[26]

Em fevereiro de 2014, a história do menino Alex,[27] de 8 anos, morto pelo pai depois de seguidas sessões de espancamento no Rio de Janeiro, trouxe à tona a triste realidade de abusos contra

---

26   Ver: http://www.mdh.gov.br/biblioteca/crianca-e-adolescente/violencia-contra-criancas-e-adolescentes-analise-de-cenarios-e-propostas-de-politicas-publicas-2.pdf. Acesso em: 19 mar. 2019.

27   Ver https://noticias.uol.com.br/cotidiano/ultimas-noticias/2014/03/05/menino-de-8-anos-que-gostava-de-lavar-louca-morre-espancado-pelo-pai-no-rio.htm. Acesso em: 19 mar. 2019.

menores, e que passa longe da infantolatria e ditadura de crianças sugerida pela Sra. Márcia e demais defensores do termo. De acordo com dados da SDH, cerca de 70% dos casos de violência contra crianças e adolescentes no Brasil acontece em residências, seja da vítima ou do agressor. E, assim como Alex, pais e mães são os principais acusados: em 2013, 170 mil denúncias — cerca de 53% do total — foram contra eles.[28]

Assim como na violência de gênero, que naturaliza o famoso "em briga de marido e mulher não se mete a colher", a sociedade acredita que não se deve interferir na forma como as pessoas educam seus filhos e que a violência é uma punição aceitável. Quando casos chocantes como o do menino Alex ou o da Isabella Nardoni aparecem, todos ficam indignados, mas quase ninguém denuncia ao observar comportamentos violentos em famílias próximas; ao contrário, basta ler comentários em postagens online sobre as tais palmadas para constatar que 90% das pessoas não apenas concordam como não têm o mínimo pudor em assumir utilizá-las, e ainda acreditam estar sendo muito mais civilizadas do que *esse povo que fica dando colo e enchendo as FEBEMs de criminosos*" (pois, de fato, sabemos que a maioria dos internos de instituições para menores tem um histórico impressionante de amamentação em livre demanda, colo e carinho!).

Enquanto feminista, militante, mãe, não posso deixar de ponderar sobre as inúmeras semelhanças entre os abusos cometidos e naturalizados por homens com "suas mulheres" e aqueles que pais e mães se sentem no direito de cometer com seus filhos, cuja lógica me parece a mesma: a desumanização do ser (criança ou mulher, e multiplique por dois se houver ainda uma desumanização racial e de classe) e a retirada da subjetividade do sujeito.

Quer ver?

Imagine um grupo de homens no Facebook. Nesse grupo eles trocam mensagens, artigos, textos, de vez em quando uma piada ou outra e, quase sempre, palavras de apoio sobre as dificuldades do

---

28 Ver https://noticias.uol.com.br/cotidiano/ultimas-noticias/2014/03/11/violencia-domestica-70-das-criancas-vitimas-sofrem-as-agressoes-em-casa.htm. Acesso em: 19 mar. 2019.

homem moderno. Diariamente, pelo menos um deles desabafa sobre como tem sido difícil não perder a paciência com a sua mulher. "Parece que ela está me desafiando a todo momento. Eu também sou humano." Outro vai além e confessa que dessa vez não deu para resistir e acabou dando "uns tapas na bunda para ver se aprende a não desarrumar mais o que ele acabou de arrumar". Entre um ou outro comentário de revolta, a maioria parece compreender que de fato é muito difícil a vida de um homem hoje em dia. São muitas responsabilidades. Não é fácil atender a todas as expectativas internas e externas e ainda ter que lidar com as birras da mulher, com a falta de compreensão dela e ser o adulto da relação sempre. Palavras como "fraternidade" e "empatia" aparecem frequentemente. Sempre com o homem. Com a mulher, nunca. Afinal de contas, quem está ao lado dos homens hoje em dia?! Tudo é o direito das mulheres. Nenhuma mulher morreu (sic) por conta de uns tapinhas. E, "falando assim", parece até que ele está espancando a pobre, o que não é, evidentemente, o caso.

Chocante?

Pois, com diferentes personagens e a mesma violência, é o que vemos em uma série de grupos de mães, inclusive feministas, quando se trata de agressão contra crianças.

Não importa que agredir uma criança seja crime ou que a criança seja o elo mais frágil da relação, sendo absolutamente vulnerável não apenas fisicamente, mas emocionalmente dependente de seus cuidadores. Não importa que as crianças sequer tenham maturidade neurológica para lidar com seus sentimentos. O que parece importar é somente uma falsa empatia que busca tentar justificar o injustificável. Por que digo falsa empatia? Porque empatia com opressão é ausência de empatia com vítimas. E, sim, nós mulheres também estamos sendo opressoras quando violentamos física, verbal ou moralmente uma criança, por pior que seja a nossa realidade enquanto mães e mulheres.

Proteger crianças (especialmente meninas, que são o grupo mais abusado e violentado da pirâmide) também é uma pauta feminista que muitas vezes parecemos esquecer. Passar a mão na cabeça justificando violência não ajuda as vítimas, não ajuda as mães culpadas, sobrecarregadas e sem rede de apoio. Ajuda unicamente a perpetuar o padrão de violência ao qual estamos tão acostumadas e que faz com que logo essas vítimas estejam por aí usando frases como "eu apanhei e isso me fez uma pessoa melhor!" (não, isso fez de você apenas alguém que acha ok bater em crianças indefesas) ou entrando em relacionamentos abusivos, que elas logo cedo aprenderam a confundir com amor.

Negar o impacto, justificar e racionalizar a violência contra quem quer que seja é um desserviço a todas as causas feministas, já que reforça padrões tóxicos de relacionamento que se perpetuam na vida adulta de homens e mulheres.

Existem inúmeras fontes de informação e ajuda sobre formas de educar sem violência.[29] Não faltam estudos sobre por que não se deve bater em uma criança, não apenas porque não funciona (embora existam inúmeros estudos que comprovem que em longo prazo a violência é ineficaz, ela pode parecer funcionar individualmente e em curto prazo), mas porque crianças são seres que, como quaisquer outros, têm o **direito** de não serem agredidas.

A reflexão que trago é que socialmente a violência contra crianças ainda é largamente aceita, inclusive quando realizada por mulheres. Pais e mães se sentem à vontade para bater e agredir seus filhos em público sem que ninguém faça nada a respeito (e se você o fizer, pouca coisa acontecerá, já que a polícia é capaz de levá-la presa por mau uso dos recursos públicos caso ouse chamá-la por um puxão de orelha ou um tapa na bunda). Aliás, todo mundo se sente à vontade para dizer que é a favor de palmadas mesmo que não se trate de uma opinião, e sim de um crime. Inclusive essa forma de violência é tão normal e aceita que até pessoas famosas se sentem confortáveis para usar seus espaços na mídia e assumir publicamente que batem ou batiam em seus filhos.

Foi o que ocorreu com a Luana Piovani, que tranquilamente foi a público, em um vídeo, dizer que não batia mais em seu filho e agora apenas o deixava de castigo por mais de duas horas. A questão maior é acreditar que a violência é uma ferramenta de disciplina válida como uma forma de desonerar mães da culpa que assola a

---

29   Indico fortemente o blog, podcasts, canais no YouTube do Paizinho, Vírgula e da Elisama Santos.

maternidade como um todo. Não é! Mas se você for a um grupo desabafar sobre isso é muito provável que, ao invés de ajuda para sair do ciclo de violência, você encontrará tapinhas nas costas, dizeres de "quem nunca" e confissões pessoais de momentos em que "foi o último recurso, mas foi!".

O mesmo já não ocorre em relação à violência contra a mulher. Anos e anos de campanhas conscientizando sobre relacionamento abusivo, violência e direitos das mulheres, se não serviram ainda para reduzir drasticamente os números de abusos e feminicídios, serviram para colocar o elefante na sala. Aumentaram consideravelmente o número de denúncias e fizeram com que a violência doméstica contra a mulher finalmente deixasse de ser um assunto da esfera particular das famílias para se tornar um assunto de interesse público (#meteacolher).

E por que o mesmo não ocorre em relação às crianças? Por que achamos razoável bater, gritar, humilhar, puxar orelha ou pegar pelo braço sob a alegação de "educar"? Por que achamos chocante o relato fictício do grupo de homens trazido aqui, mas textos que fazem apologia à violência contra crianças são compartilhados centenas ou até milhares de vezes?

Um deles, com cerca de 8 mil compartilhamentos, foi postado por uma página chamada "Palmada de amor não dói" e trazia o seguinte texto:

> "Umas chineladas nunca mataram ninguém. Eu também levei e não virei bandido nem revoltado. É por falta de atitude e firmeza que vemos crianças e adolescentes como hoje completamente sem limites, mimados, extorsivos, inúteis à sociedade e o pior, desrespeitando os pais, vizinhos, os amigos da escola e outras autoridades."

A imagem que acompanhava era uma charge chamada "Lei da Palmada", em que se via uma mãe desesperada, uma criança berrando porque queria um *tablet* e um vendedor dizendo: "Compre logo! Ou vão pensar que a senhora bateu nele!". Na mesma semana, uma menina de cinco anos morreu de tanto ser espancada[30]

---

30 Ver: https://g1.globo.com/sp/itapetininga-regiao/noticia/corpo-de-menina-supostamente-morta-espancada-pelos-pais-e-velado.ghtml. Acesso em: 20 mar. 2019

reiteradamente por seus pais. Apenas mais um caso no Brasil de Isabella Nardoni e do menino Bernardo (cuja morte originou a "Lei da Palmada", que teve resistência enorme no Congresso até finalmente ser aprovada em 2016).

Críticos da Lei da Palmada (que nada mais é do que a inserção de um artigo no Estatuto da Criança e do Adolescente, o ECA, proibindo o uso de *qualquer* castigo físico ou outra forma de punição cruel ou degradante) alegam que ela é uma "interferência indevida do Estado na educação dos filhos por seus pais" — em um país onde *uma criança é agredida por hora*.[31]

Você pode estar pensando que tudo isso e contraditório com o que venho falando desde o início deste livro, já que também não é justo trazer mais culpa para mães, que sabemos ser um grupo extremamente sobrecarregado, levado constantemente ao limite da exaustão, do desespero e da penúria. Acontece que não é sobre culpa que estou falando. É sobre responsabilidade. Culpa não leva à transformação! Responsabilidade é escolher fazer diferente e se libertar da culpa pelo que já foi. Culpa traz vitimização e paralisa. Responsabilidade traz protagonismo e acolhimento. Então, não, não é sobre acrescentar culpa às mães, e sim sobre refletirmos a respeito da normalização da violência. Apenas tirar essa culpa das mães para que sigamos agredindo crianças — agora sem culpa — não vai nos levar a um lugar melhor enquanto sociedade, inclusive nas questões de divisão de tarefas, acolhimento do outro, rede de apoio etc.

Vamos discutir rede de apoio, vamos discutir sobrecarga e exaustão maternas, divisão de tarefas domésticas. Vamos combater um mercado de trabalho precarizado e excludente e lutar por um mais justo e inclusivo. Mas não vamos fazer isso às custas da integridade física e emocional de bebês e crianças. Precisamos de tolerância zero quanto a isso, assim como em relação a homens abusadores.

A Sra. Márcia que me desculpe, mas passamos longe de ser uma sociedade infantólatra. Somos, sim, uma sociedade em que crianças são diariamente espancadas, mortas, silenciadas, invisibilizadas e en-

---

31 Ver: http://www.ebc.com.br/infantil/para-pais/2016/06/cada-hora-5-casos-de-violencia-contra-criancas-sao-registrados-no-pais. Acesso em: 20 de março. 2019

tupidas de remédio para se adequarem a padrões exigidos. Somos, isso sim, uma sociedade sem paciência. Somos uma sociedade em que agredir e machucar os mais vulneráveis é banal. E reclamar de violência e opressão é vitimização.

A charge do *tablet* é também sintomática, pois pautar uma sociedade como infantólatra baseada em uma parcela ínfima, em termos estatísticos, que supostamente "dá tudo" (sendo esse "tudo limitado" a objetos e recursos adquiridos com dinheiro) é símbolo de uma notável alienação e desconexão da realidade. Além do mais, a permissividade aludida pela charge passa longe de ser o que chamamos de disciplina positiva e de vínculo com a criança.

Educar com respeito demanda paciência, tempo, muita conversa e repetir as coisas 280 milhões de vezes. Comprar para nossos filhos tudo que a sociedade consumista nos empurra passa longe de ser infantolatria. É, na verdade, uma outra forma de violência e abandono contra eles. Dizer não e ajudá-los a lidar com as frustrações naturais da vida é muito diferente de criar frustrações para ensinar "que a vida não é fácil", tanto quanto é diferente de dizer sim para tudo e colocá-los em situações de exposição e risco para as quais eles não estão preparados. É nosso dever legal inclusive zelar por isso. E isso inclui alimentação, acesso a eletrônicos e televisão, interação com amigos e muito mais.

Mas como conseguiremos tudo isso em uma sociedade que acredita que a educação e a criação de uma criança são responsabilidades exclusivas da mulher? "Quem pariu Mateus que o embale", dizem. Somos, sim, uma sociedade que adora cobrar, mas detesta pagar. Somos a sociedade em que mulheres estão sobrecarregadas, exaustas e são constantemente culpabilizadas, agredidas e julgadas em praça pública. Uma sociedade em que uma mãe que deixa os filhos **com o pai** é acusada de **abandono**. Somos, principalmente, uma sociedade em que o cuidado (seja de crianças, idosos, pessoas com enfermidades ou até animais) é completamente desvalorizado e desconsiderado como função social essencial ao desenvolvimento da nossa espécie. Cuidar — atividade delegada essencialmente às mulheres — é considerado dispensável, perda de tempo, perda de produtividade.

Nas minhas andanças pelos fóruns maternos, uma vez me deparei com um texto belíssimo da Letícia Penteado para a *Revista Fórum* no qual, dentre outras coisas, ela dizia: "Quantas mães se sentem apoiadas em sua maternidade? E quantas se sentem isoladas e desamparadas? Quantas sentem que a conciliação da maternidade com suas carreiras profissionais, acadêmicas etc. foi facilitada pela sociedade como um todo e pelas pessoas ao seu redor? E quantas sentem que, tão logo pariram, suas presenças se tornaram indesejadas em qualquer ambiente que não sejam seus lares? A criança é muitas vezes tratada como um castigo (em alguns casos divino, inclusive), e frequentemente é vista como um estorvo para a mãe, uma coisa cuja existência inevitavelmente a impedirá de viver uma vida plena. Como se não houvesse nada que qualquer pessoa pudesse fazer a respeito — 'que pena que ela engravidou... vai acabar largando a faculdade'."[32]

Nunca se falou tanto de uma geração sem limites e mimada demais, ao mesmo tempo em que se registram números cada vez mais absurdos de violência contra a infância.

Ao mesmo tempo em que se discute o uso do ECA para justificar a censura[33] e as pessoas se sentem à vontade para se dizer *childfree* e assumir sem nenhum pudor ou rubor *não gostar de crianças* (sim, toda a classe "crianças"), banindo-as indiscriminadamente de espaços públicos e de eventos privados, vemos os números de violência contra a criança (incluindo a emocional e a negligência, que são acompanhadas da permissividade) crescerem a cada dia.

"Nossas crianças" tornou-se um termo tão vago quanto "somos todos humanos" e de prático traz apenas prejuízos e invisibilidade a todas aquelas que não se enquadram no padrão de criança "aceitável e defensável" (leia-se: brancas e de classe média ou alta).

---

32 Ver: https://temosquefalarsobreisso.wordpress.com/2015/08/03/quem-cuida-de-quem-cuida/. Acesso em: 19 mar. 2019.

33 Como no caso em que uma mãe foi criticada na internet por ter levado sua filha à exposição em que havia uma performance com um homem nu.

Espera-se que crianças sejam comportadas não contestem, educadas silenciosas, tenham limites não nos incomodem e de preferência já venham prontas sabendo tudo o que sequer adultos aprenderam.

Vivemos em uma sociedade de consumo na qual, como diria Bauman, a "subjetividade do sujeito" e a maior parte daquilo que essa subjetividade possibilita ao sujeito atingir concentram-se em um esforço contínuo para ela própria se tornar e permanecer uma mercadoria vendável.[34]

Em tempos em que ter é mais importante do que ser; em que a indústria dita o que comemos, o que vestimos e como brincamos — ou não — com nossos filhos; em que crianças ricas e/ou do sexo masculino são infantilizadas e as pretas e pobres (ou meninas) são constantemente abusadas, violentadas e tidas como as responsáveis pelas violências que lhes são acometidas, tomo a liberdade de trazer uma sugestão de sete reflexões sobre o que precisamos repensar em relação à infância. Mais do que reflexões, são desejos; e, mais do que desejos, são objetivos pessoais, presentes que eu gostaria de dar a todas as crianças, mas que me esforço para alcançar com o meu filho, no meu próprio jardim.

Uma lista em constante revisão, inclusão e aperfeiçoamento, mas que parte do pressuposto que a criança é o futuro que podemos construir hoje.

1) Livre brincar e imaginar — e poder gritar e fazer barulho faz parte disso

Que o choro e o barulho das crianças parem de nos incomodar. Que as deixemos ser crianças e correr livres pelo seu mundo que parece tão pequeno aos nossos olhos, mas que em muitos aspectos é infinitamente maior do que o nosso. Que elas possam correr pela sala como se corre por um jardim mágico com esconderijos secretos. Que elas possam pular no sofá como se estivessem pulando de nuvem em nuvem em seus barcos celestes imaginários. Que elas possam correr pelo jardim imaginando-se grandes conquistadoras de um planeta mágico habitado por animais fantásticos que, na verdade, são insetos.

---

34 Zygmunt Bauman. *Vida para consumo*. Rio de Janeiro: Ed. Zahar, 2008.

2) Alimentação saudável

Em um mundo onde dar uma alimentação saudável e consciente aos nossos filhos (incluindo a amamentação pelo tempo recomendado pela OMS) é visto como frescura e radicalismo, desejo que cada vez mais crianças, mães e pais possam ser libertos do marketing abusivo da indústria alimentícia que os torna reféns de hábitos alimentares destrutivos e compulsivos. Que o afeto, a recompensa e a atenção, que muitas vezes são supridos pelo doce, sejam de fato supridos por afeto, recompensa e atenção. Que o doce (após os dois anos de idade, de preferência) seja aquela memória afetiva gostosa e coadjuvante a tudo isso, e não o contrário! E que nadar contra a corrente e ir contra o sistema, o interesse de indústrias multibilionárias não precise ser tão exaustivo.

3) Um planeta vivo e bem cuidado

Poucos desejos são mais pragmáticos e urgentes do que esse! Que nossas crianças possam aprender rapidamente o quanto somos conectados e interdependentes de todos os seres e organismos vivos; que a Terra e seus recursos são preciosos e finitos e que cuidar bem deles é cuidar de todos nós. Que isso se cultive e se incentive desde cedo ao cuidar dos animais com carinho e das plantinhas com ternura, ao colocar as mãos e os pés na terra molhada e sentir seu cheiro forte se lambuzando de terra e mato. Que se corra na chuva jogando-se na grama sem se preocupar com a roupa suja, e que se possa sentir na pele essa conexão que outrora foi tão umbilical.

4) Acolhimento da dor deles — nada de "vai passar"

Que sejamos tão hábeis em acolher a dor e o choro de nossos pequenos como somos em fazê-lo com amigos queridos. Porque ninguém vira para a melhor amiga que acabou de terminar um relacionamento e diz "que não foi nada!" ou "não chore!". Deixe-os chorar! Deixe-os sofrer aquela dor certos de que nós estamos ali para abraçar, dar colo, carinho e beijinho no dodói. É sabendo disso que eles correrão para nós quando a dor não for no dedinho, e sim no coração.

5) Exemplo – inteligência emocional

E já que nos meus sonhos o céu é o limite, desejo que todas as crianças tenham ao seu redor e como seus exemplos adultos com inteligência emocional e que saibam lidar com suas próprias dores e emoções. Que acolham seu próprio sofrimento e angústias não fazendo birras e joguinhos, mas trazendo-as à luz. Abraçando suas sombras para ressignificá-las. Adultos que conversam, que choram, que abraçam e, principalmente, que ouvem e dão o exemplo dizendo "eu amo você", "obrigado" e "desculpe-me" sempre que necessário.

6) Liberdade para ser quem se quer ser — igualdade de gênero e tolerância

Nenhum presente é mais caro para mim do que permitir o outro ser quem ele realmente é na essência,. Que todas as crianças saibam que são amadas do jeitinho que elas são e com todas as suas características que lhes são peculiares. Que elas encontrem no mundo e em nós, adultos, terreno fértil e apoio para crescer e se transformar na mais bela versão de si mesmas. Que elas tenham oportunidades iguais independentemente de seu sexo, gênero, raça, etnia, classe social, religião e condição física. Que elas tenham autoestima e amor-próprio. Que elas nunca precisem mudar para serem aceitas, mas que possam evoluir para se transformarem com e para o mundo. E que nunca, nunca, nunquinha elas deixem de sonhar com o que faz seus olhos brilharem e lhes fermenta o estômago por terem-nas colocado em um lugar que as limite.

7) Democracia — aprender a debater, abrir e incluir

E como amante do Estado Democrático de Direito que sou (apesar de todas as evidências do quanto isso pode ser uma cilada nos dias de hoje), não me custa desejar que as crianças não venham a viver no que parece se desenhar um Estado fundamentalista e religioso. Que elas possam resgatar o espírito democrático, seja lá onde ele estiver escondido, e sair dessa mais fortalecidas e conscientes da importância de se preservar as instituições democráticas. E que, para isso, possa prevalecer o diálogo, o debate aberto e franco sobre todos os temas, o acolhimento ao pensar diferente e o amor pelo bem-estar coletivo, para que todos juntos possamos construir um país e um mundo menos cruel e mais acolhedor.

No fundo, meus desejos são todos egoístas e cheios de segundas intenções. Que eu possa ser cada vez mais protagonista da minha própria transformação e do ambiente que me circunda. Que eu possa criar um ser humano bondoso, generoso, comprometido com seus ideais e empático com o próximo, que respeite a sua essência e busque sempre aprimorar-se e desconstruir-se. Que sonhe, que caia, mas levante. Que chore, mas não perca a esperança. Que, acima de tudo, ame!

Temos também boas notícias e muita gente defendendo a causa da atenção à infância e pela educação respeitosa.

O documentário *O começo da vida* é fundamentado em estudos recentes que comprovam o quanto os primeiros anos na vida de uma pessoa são fundamentais para seu desenvolvimento; seres humanos que são respeitados, educados com afeto e estimulados a fazer descobertas levam os resultados dessas experiências para sua vida adulta. O Prêmio Nobel de Economia James Heckman concluiu que cada dólar empregado na primeira infância representa um aumento de 6 a 17 dólares nos salários no futuro, o que pode contribuir para um mundo mais igualitário.

Esse é o tamanho do desafio e da oportunidade que temos em mãos como pais, mães e como sociedade. Que meu filho, mais do que em discurso, veja-nos sendo generosos, amorosos, combativos e comprometidos; defendendo os que não têm quem os defenda e levantando a bandeira da igualdade e humanidade sempre; que ele não me veja jamais silenciar diante de uma injustiça e que quando eu errar me veja pedir perdão; que ele brinque, sonhe, imagine, e que eu também faça tudo isso junto dele!

Nada disso significa que eu esteja defendendo a prisão da mulher a estereótipos de "mãe perfeita" ou a clichês de comerciais de dia das mães que só querem mesmo é vender. Significa apenas que, enquanto sociedade, precisamos repensar como tratamos a infância, tanto quanto é urgente a emancipação feminina e o fim da maternidade compulsória. "Quando você dá atenção ao começo da história, ela pode mudar por inteiro."[35]

---

35 Estela Renner, diretora de *O começo da vida*. Saiba mais em: http://ocomecodavida.com.br/

É preciso uma vila

Voltando ao provérbio africano que diz que "é preciso uma aldeia toda para educar uma criança", gostaria de retomar algumas perspectivas históricas da formação do que hoje entendemos como núcleo familiar e que nos ajudam a compreender a evolução do conceito de família e da atenção à infância em nossa sociedade ocidental.

Em *O segundo sexo: fatos e mitos*, Simone de Beauvoir nos apresenta como a dominação do homem sobre a mulher se dá pautada essencialmente em argumentos deterministas — que chamamos no ambiente acadêmico de determinismo biológico — isto é, a crença de que a mulher e o homem seriam biologicamente destinados a este ou àquele mister por força de suas características inatas.

Nessa seara, os dois traços que caracterizariam a mulher e seu destino social são seu domínio sobre o mundo ser menos extenso que o do homem e o fato de, enquanto fêmeas, estarmos mais estreitamente submetidas à espécie. Na realidade, porém, o domínio do mundo definiu-se muito menos pela força física do que se gosta de argumentar por aí, em especial comparando-nos a outras espécies animais. A técnica, muito mais do que a força, acelerou desde cedo a evolução e transformação da espécie humana, em especial quando comparada a outras espécies; nosso polegar opositor e o domínio do fogo têm papel-chave nessa combinação. Desde os mais antigos documentos da Pré-História o homem surge sempre armado, e quando a técnica anula a diferença muscular que separa o homem da mulher ela torna-se igual ao homem no trabalho.

Sobre a maternidade, Simone defende que "elas [as servidões da maternidade] assumem, segundo os costumes, uma importância muito variável: são esmagadoras se se impõe à mulher muitas procriações e se ela deve alimentar e cuidar dos filhos sem mais ajuda; se procria livremente, se a sociedade a auxilia durante a gravidez e se se ocupa da criança, os encargos maternais são leves e podem ser facilmente compensados no campo do trabalho".

Em *A origem da família, da propriedade privada e do Estado*, Friedrich Engels retrata a história da mulher atrelada essencialmente à história das técnicas e ao surgimento da propriedade privada. Quando o homem se torna proprietário de terras e recorre ao serviço de outros homens por meio da escravidão, ele passa a desvalorizar o serviço anteriormente realizado em pé de igualdade com as mulheres e torna-se também proprietário delas.

Para Engels, a grande derrota histórica do sexo feminino está na divisão do trabalho em consequência da invenção de novos instrumentos que mantiveram a mulher restrita ao domínio privado (lar e cuidados) e o homem, ao público (política e trabalho), o que é corroborado por toda a teoria da divisão sexual do trabalho.[36] Longe de mim questionar a divisão sexual do trabalho, que é uma realidade incontestável, mas na minha visão essa abordagem, embora acertada, é incompleta. Como a própria Simone de Beauvoir nos apresenta em seguida, essa versão é insuficiente para justificar a opressão de gênero.

Mulheres estão em desvantagem mesmo quando em igualdade de classe, e mulheres mães, negras, indígenas, lésbicas, trans, trabalhadoras, gordas, com deficiência terão acrescidas à sua carga opressões diferentes. O sexo feminino (o Outro) vem sendo oprimido de formas diversas, em diferentes culturas, ao longo da história da humanidade, e resumir toda a questão à luta de classes esvazia e tira o foco da complexidade do problema, pois apresenta uma única solução para diferentes problemas.

Também não me parece correta a visão eurocentrada[37] do mundo, em que interpretamos a história como uma linha reta que começa

---

36   17 ENGELS, FRIEDRICH. *A origem da Família, da Propriedade Privada e do Estado*. Rio de Janei- ro: Ed. Best Bolso, 214.

37   Consideram-se eurocentradas as análises, opiniões e julgamentos que têm a Europa ocidental como centro de referência e "modelo" de sociedade cultural e histórica.

na Grécia Antiga e termina nos dias de hoje, passando apenas por formatos de família, produção, sociedade e política experimentados no mundo ocidental. E mesmo nessa visão ocidental de mundo, parecemos nos esquecer de que o termo "mulheres" não é nem nunca foi universal.

Quando vou dar palestras, é comum que escute de minhas próprias clientes e outras mulheres do meu convívio coisas como "no tempo das nossas avós, quando as mulheres não trabalhavam fora", ou "agora que temos o direito de trabalhar", ou "a mulher está no mercado de trabalho". Claro que eu entendo perfeitamente o que elas querem dizer com isso, mas, se pararmos para pensar um minutinho, de que mulheres exatamente estamos falando? E de que mercado? Em que atividades?

Mulheres sempre trabalharam e mulheres sempre estiveram no mercado de trabalho. Em geral, mulheres negras e/ou pobres. Em geral, em posições subalternas. Por outro lado, algumas mulheres ocupam posições de liderança desde que mundo é mundo. Algumas. Poucas. Continuam sendo poucas, embora "um pouco menos poucas". Talvez não tenhamos mudado tanto assim quanto gostaríamos de nos convencer. E o exercício pode ser o mesmo se formos falar de sexualidade, de maternidade, de amor romântico e afetividades no geral. Pautamos o mundo e a história, ou como a interpretamos, como se ela fosse um filme de época que se passa na corte europeia. É essencial, então, para qualquer discussão que se pretenda propositiva, fazermos um recorte de momento e contexto limitados, enquanto ampliamos o nosso leque de resolução para além do mundo branco e ocidental, que conhecemos como se fosse o único acervo de conhecimento humano disponível.

Estabelecido então o fato de que vivemos hoje em uma sociedade que acredita que a educação e a criação de uma criança são responsabilidades exclusivas (ou, no mínimo, principais) da mãe e/ou de mulheres (avós, tias, babás, empregadas), e que tratar a maternidade como se fosse uma escolha pessoal da mulher ao mesmo tempo em que limita as possibilidades asseguradas a elas (inclusive financeiras) também infantiliza e isenta os homens, o Estado e o mercado de suas responsabilidades em relação a um tema de relevância e preocupação de todos. Estamos talvez na época em que o fardo das mães, especialmente as que se encontram nos grupos de maior vulnerabilidade, esteja mais pesado do que nunca.

Os principais fatores que contribuem para esse cenário (todos permeados pelo machismo estrutural e sistêmico em que nos encontramos) são:

1) a sociedade individualista;

2) o discurso do empoderamento individual das mulheres, ou o feminismo liberal;

3) a romantização da maternidade atrelada ao mito do amor materno e à maternidade compulsória.

Já falamos amplamente sobre o item 3 no capítulo anterior e falaremos mais a fundo sobre o item 2 no Capítulo 5.

Quero então propor uma reflexão sobre o item 1 e, posteriormente, sobre como ele dialoga perversamente com o item 2.

Passamos, em pouco mais de um século, de uma sociedade que vivia em comunidade, no ambiente rural ou em pequenas cidades, para uma sociedade urbana e cada vez mais individualista. Não quero fazer juízo de valor do termo e nem do formato. Sequer acredito que haja como eleger o melhor ou o pior regime de forma absoluta. Fato é que casais que antigamente tinham mais de três filhos e núcleos familiares que incluíam avós, tios e primos foram substituídos por famílias muitas vezes monoparentais ou casais com um ou dois filhos, e que passam a assumir as responsabilidades por aquela família de forma cada vez mais isolada do contexto familiar maior.[38] Simultaneamente, temos a medicalização da vida, e a figura do especialista, do pediatra ou do psicólogo, por exemplo, passa a ter muito mais valor do que a palavra e a tradição de avós e anciãos da família.

Se isso permite que a ciência ocupe um papel cada vez mais importante nas nossas vidas, iluminando esferas nebulosas do comportamento humano com a luz do conhecimento (vacinas, violência contra a criança, alimentação, parto, amamentação e muitos outros

---

38 Pesquisa Nacional por Amostra de Domicílios (PNAD), 2010. Instituto Brasileiro de Geografia e Estatísticas (IBGE).

temas relacionados à criação de um filho se beneficiaram muito desse distanciamento do ensinamento tradicional não pautado em evidências científicas), de outro, a responsabilidade pela criação dos filhos (que nada mais são do que cidadãos) passa a ser cada vez mais restrita apenas ao casal (e sabemos bem o que isso significa, não é?).

Esse distanciamento e isolamento impactam diretamente a maternidade de diversas formas. Crescemos em famílias menores, com menos irmãos e convivendo com menos crianças. Muitas de nós inclusive relatam que só foram se dar conta de que o mundo era tão machista quando se tornaram mães, pois em seu seio familiar foram educadas "como os meninos" e, portanto, não foram preparadas para cuidar de uma criança, muito menos de um bebê.

As distâncias entre familiares aumentaram e muitas mulheres estão tendo seus filhos longes de suas mães, sogras ou de qualquer rede de apoio. Se veem de licença-maternidade o tempo todo sozinhas com o bebê e sem saberem muito o que fazer. Por força da romantização da maternidade, acreditam que precisam ficar entretendo e em função dele 24 horas por dia, 7 dias por semana.

Como já falei, romantiza-se a dedicação, o sacrifício e o perrengue, então, quanto mais sozinha se dá conta de tudo, supostamente maior seria o troféu da mãe. Ao passo que a idealização não é tão recente assim, a solidão parece sê-lo, assim como o acúmulo de responsabilidades que a geração anterior e a anterior a ela não tiveram: estar em dia com o corpo (leia-se, dentro do padrão imposto), arrumada e de unhas feitas, ir à academia, manter-se intelectualmente ativa, ser produtiva no trabalho e ter ambição e ainda arrumar tempo para o marido e para dedicar-se à relação (nada de sexo mais ou menos!). Talvez isso explique, ao menos em partes, a naturalização do adultério no passado. Essa jornada exclusiva é tão cansativa que parece quase revigorante ter com quem dividir pelo menos parte dessas obrigações.

A verdade é que o que mais vejo são mães cansadas, esgotadas e sozinhas que se sentem sobrecarregadas não pela maternidade em si, mas pelas circunstâncias em que se encontram, pela falta de apoio, de carinho, de quem cuide delas. E é muito louco como, por não se abrirem sobre como se sentem, elas acreditam que todas as outras estão dando conta de tudo, menos elas. Estamos todas nos sentindo falhas, nos comparando com ideais externos que sequer existem, porque não nos contam com franqueza como é a realidade. A mulher se sente sozinha porque não sabe se o que está sentindo e passando é normal ou se ela é uma mãe "defeituosa". E a culpa mais uma vez tem papel essencial nesse jogo perverso.

Mantemos um segredo de nós mesmas que se volta contra todas. O segredo de que não é fácil, de que não precisamos dar conta e de que, na realidade, ninguém dá! Ao menos não sem ser às custas de sua sanidade física ou emocional, de sua independência financeira ou intelectual ou de abrir mão de si mesma em algum contexto.

E o discurso individualista e meritocrático que tentam nos vender o tempo todo (não somente às mulheres, mas que, como sempre, sobrecarrega-nos ainda mais) de que se "trabalhamos enquanto todos dormem" o sucesso estará garantido. O famoso *work hard, play hard*", "*no pain, no gain*" e suas variáveis contribuem para que seja difícil pedir ajuda ou, pior, reconhecer os próprios limites. Ir além dos limites é o esperado e é aplaudido.

É nesse momento que as redes sociais tomam relevância, e quando usadas para o bem, para o coletivo, podem ser uma ferramenta de transformação e acolhimento incrivelmente poderosa.

Os grupos de mães no Facebook e no WhatsApp, os blogs e perfis de Instagram que compartilham o dia a dia de mães "comuns" são a versão moderna dos grupos de mulheres tradicionais em torno da criação.

Quando entramos em um grupo de mães, é comum estarmos com aquele sentimento de "como ninguém me contou tudo isso antes?", ao mesmo tempo em que nos sentimos amparadas ao saber que nada do que estamos vivendo é exclusividade nossa. Que muitas passam pelas mesmas coisas; que existem muitas formas de maternar; que poucas coisas são consenso, mas as que são o sistema tenta nos roubar; e que tudo bem se sentir mal por não saber lidar com tudo isso! Tudo bem ter vontade de correr para as colinas e tudo bem precisar e, mais importante ainda, pedir ajuda!

O primeiro grupo de mães de que fiz parte foi o PH,[39] sobre parto humanizado, no qual eu entrei no início da gravidez. As mulheres

---

39   Parto Humanizado Curitiba.

que formavam o grupo eram absolutamente diferentes de mim em todos os sentidos possíveis — diferenças de vida, de realidade financeira, trabalho e aspirações; mas estávamos todas unidas em um importante propósito: o de nos prepararmos para receber nossos bebês neste mundo da forma mais respeitosa possível, para nós e para eles, dando as mãos umas às outras contra esse sistema cruel que exige que para parir dignamente seja necessário munir-se de um arsenal de informação, disposição, resiliência e determinação, e ainda assim não ter garantia nenhuma de que vai dar certo.

Quando Cacá nasceu, migrei para o Mama Neném, que era uma extensão do PH para ajudar nas dificuldades iniciais da amamentação e que, na prática, tornava-se um grande bate-papo entre amigas, carinhos, palavras de consolo e mil dicas para mais de cem mulheres que estavam perdidas nessa nova função, que queriam muito amamentar, mas tinham que ouvir que seu bebê estava magro demais, gordo demais, chorando demais, dormindo demais, dormindo de menos e assim por diante. Desabafar sobre coisas que pareciam banais para o resto do planeta e que ninguém mais parecia compreender era revigorante. E poder oferecer uma palavra de consolo para outras mães que também se sentiam assim me deixava ainda mais feliz.

É curioso como a gente parece se esquecer dessa fase. Mesmo mães de crianças mais velhas parecem não se lembrar de todas as inseguranças e dificuldades que viveram e passam a se comportar exatamente como não gostavam que se comportassem com elas anteriormente. Faço sempre um esforço para me lembrar de como eu me sentia na gravidez e no puerpério antes de falar algo que possa soar como diminuição do sentimento daquela mãe, como: "Você nem viu nada ainda!" ou "Essa fase é tão boa, dá uma saudade…" Se puder, evite ser essa pessoa! Ofereça um abraço, e, caso ache que a pessoa está mesmo exagerando, guarde para você e apenas não diga nada (é difícil, eu sei, mas você consegue!).

Fato é que grupos de mães são ferramentas poderosas de empoderamento coletivo e acolhimento desse grupo absolutamente excluído dos espaços de convívio coletivo em uma boa parte de aspectos da vida social, e podem ser também uma maneira de militância concreta contra o sistema machista que pretendemos desconstruir neste livro e em tantas outras iniciativas de mulheres para mulheres. É uma excelente oportunidade também para sair da nossa bolha e conhecer pessoas diferentes e interessantes e com as quais muitas vezes descobrimos afinidades improváveis. Meu grupo mais próximo de mães hoje é composto por mulheres que eu dificilmente conheceria em meus outros meios sociais e me trazem um aprendizado riquíssimo no processo.

É importante dizer que grupos de mães, assim como qualquer outro grupo de pessoas diversas e que muitas vezes têm apenas uma coisa (no caso, a maternidade) em comum, também podem ser extremamente tóxicos quando não são bem conduzidos ou quando estamos permeadas por sombras não trabalhadas e crenças limitantes.

Como em praticamente todas as áreas da vida, a dificuldade em despersonalizar debates, de pautar experiência individual como evidência científica, aliada à falta de tato e empatia, autoconhecimento e inteligência emocional baixos são território fértil para mal-entendidos, ofensas e ruídos de comunicação.

Por serem, em geral, grupos de interação escrita (grupos com mais de dez pessoas que permitem áudio são simplesmente uma versão moderna do inferno na Terra), a comunicação às vezes toma proporções totalmente inesperadas e estranhas ao objetivo original do grupo e das pessoas que ali estão interagindo, e isso também pode servir de aprendizado.

Se não temos hoje o apoio que nossas mães e avós tiveram das mulheres ao seu redor, ou se o preço desse apoio é alto demais (desrespeitar e diminuir sua capacidade como mãe, ignorar suas escolhas em relação à educação e alimentação de seu filho, minar e destruir sua autoestima e poder interno, por exemplo), podemos encontrar novas formas de rede de apoio nos grupos maternos e nas amigas inesperadas que eles nos trazem.

O mais importante é compreendermos que é humanamente impossível dar conta de tudo no formato que nos é apresentado e manter nossa sanidade física e mental intactas em uma sociedade que nos exige tudo e nos propicia quase nada. Também é urgente e essencial sairmos do discurso do empoderamento individual como única ferramenta de emancipação de mulheres e mães.

Enquanto não abordarmos o problema pelo que ele é — sistêmico e estrutural —, estaremos reféns de um Estado que não oferece condições mínimas de dignidade para que uma mulher retorne ao trabalho sem ter que deixar seu filho em espaços muitas vezes inadequados, em uma idade na qual a criança ainda necessita de cuidados mais individualizados, e que mantém em total desigualdade no jogo homens e mulheres que queiram exercer sua paternidade/maternidade de maneira benéfica a seus filhos sem que seja sempre a mulher a abrir mão de sua carreira, sonhos e projetos que não estejam ligados à maternidade.

De outro lado, como veremos ao final deste livro, não é suficiente resolvermos isso em nossas bolhas, como se a realidade da maioria das mulheres não fosse pobre, negra, periférica e precária. Como se, para ficar com os nossos filhos, elas não estivessem deixando os seus próprios filhos para ir trabalhar. Não podemos ignorar todas as outras mulheres porque são incômodas. Presidiárias, dependentes químicas, mulheres em situação de rua também são mães.

Precisamos todas discutir políticas públicas e de rede de apoio. E é colocando o elefante na sala e falando de todas as formas de maternar, de toda a vila, de todos os responsáveis pelo cuidado, educação e formação de nossas crianças que conseguiremos evoluir na discussão.

Pais, Estado, mercado, família, escola, grande mídia, todos são responsáveis pelo mundo que estamos deixando para as crianças, e pelas crianças que estamos deixando para ao mundo.

Grupos de mães não estão isentos das panelinhas e fofocas que toda comunidade formada por seres humanos invariavelmente reproduz, mas a verdade é que neles fiz amigas para a vida, irmãs de alma e com as quais eu sei que realmente posso contar, e elas comigo. Mais do que isso, grupos de mães permitem que estendamos a mão para outra mulher, oferecendo trocas, ajuda, um café e um bolo quentinho em uma tarde fria da licença-maternidade. Já aconteceram mobilizações incríveis em uma série de grupos dos quais fiz parte, e essa é talvez a parte que eu mais amo de ter entrado no meio materno: descobrir o nosso potencial infinito de solidariedade.

A maternidade me trouxe desafios imensos! Trouxe-me privação de sono e um cansaço físico que eu não sei onde começa, muito menos onde termina. E também me trouxe poder. Trouxe sabedoria e consciência e me trouxe confiança. Trouxe amigas de luta: mulheres fantásticas, que estão comigo na linha de frente de uma causa, e uma rede de apoio que não tem limites nem frescuras, amigas e irmãs de coração.

Porque maternar também é um ato político!

Falarei sobre o motivo de existirem ainda (infelizmente) poucos grupos de pais e como a dinâmica deles é diferente no próximo capítulo.

CAPÍTULO 3

O papel do pai

O homão da porra é uma mãe medíocre

Sendo uma feminista heterossexual, casada com um homem aparentemente atualizado no seu século no que se refere às condições de igualdade de gênero, eu realmente acreditava que a divisão das tarefas maternas e paternas seria igualitária aqui em casa.

Não foi. Não é. Fim!

No mundo real, todas as minhas amigas e conhecidas que se tornaram mães e que têm parceiros acima da média no quesito machismo no século XXI reclamam de uma piora significativa no relacionamento após o nascimento do bebê. Passamos a reclamar muito mais, e coisas que antes não nos incomodavam se tornam motivo de brigas homéricas.

Por que será?

Minha teoria é a de que simplesmente passamos a enxergar com toda a clareza como se dá a socialização masculina e como ela é a responsável por grande parte das violências contra as mulheres nas mais variadas esferas!

A maternidade nos joga na cara, em um dos momentos mais delicados da vida de uma mulher, que por mais "homão da porra" que nosso homem fosse, ele ainda faz muito pouco quando se trata de filhos. Que por mais discurso de "comigo não vai ter essa de ajudar, vai dividir tarefas" que a gente tenha feito, o que eles fazem é ajuda, sim, porque não chega aos pés de ser uma divisão justa.

Demorei um tempo para compreender e digerir esses sentimentos, pois meu discurso teórico parecia estar ruindo bem no momento em que eu mais precisava dele. No momento em que me senti menos capaz e mais assustada. Além de essa reflexão toda trazer consequências emocionais para o meu relacionamento, ela me colocou em uma posição na qual me sinto realmente desconfortável: a de vítima. De não protagonista de minhas decisões e, mais ainda, de invejosa da liberdade alheia. No caso, a do meu marido. E isso tudo ainda é muito conflitante, entre sentimentos de fragilidade e, ao mesmo tempo, de imensa responsabilidade.

Precisamos aprender com eles, homens pais, a nos sentirmos tão bem fazendo o óbvio, também conhecido como: nossa obrigação. (Isso porque quando o pai troca meia dúzia de fraldas ou acorda para buscar o bebê no berço a sociedade age como se ele tivesse acabado de descobrir a cura do câncer.) E precisamos fazê-lo urgentemente, pois as mulheres estão exaustas.

Em 2017, a matéria de dia dos pais da *Folha de S. Paulo* trazia a seguinte manchete:

> "Está pensando que a vida dos pais é só trabalho e cuidar da cria? Eles também batalham para colocar em prática seus hobbies, como cruzar oceanos atrás de um show de heavy metal, fazer longas caminhadas pelo Nepal e guardar uns minutinhos para desfrutar do jardim."

Hummm... Olha, eu realmente não estava pensando isso! Aliás, alguém no mundo pensa?

Não consigo imaginar um mundo no qual faça sentido que "conciliar a paternidade com hobbies e momentos para si" seja matéria de capa da *Folha*. Nessa esteira, logo teremos capas com Zezinho, que conseguiu conciliar a paternidade com duas amantes e o bar no final do dia. Ou João, que se superou encontrando formas criativas de conciliar a paternidade com o futebol de quarta, o chope de quinta e o churrasquinho de sexta.

Pais conciliam a paternidade com o que querem e bem entendem desde que mundo é mundo. Isso quando de fato exercem de alguma forma sua paternidade, como mostram os tristes números de abandono paterno no Brasil que trago logo mais abaixo.

A matéria de dia das mães do mesmo ano, por outro lado, trazia mães contando o quanto a maternidade as transformou e reforçando o sentimento de culpa e imperfeição que assola a todas nós: "Mãe é tudo igual, só muda de endereço." Este dizer antigo não podia estar mais errado: mãe é tudo diferente.

Cada uma é uma.

Talvez o que quase toda mãe tenha em comum seja a sensação contínua de imperfeição e de estar falhando miseravelmente.

Seria tudo muito cômico se não fosse tão trágico o cenário de total exaustão e desigualdade que nos acomete enquanto mães e do qual já falei nos capítulos anteriores.

Confesso, porém, que passada a indignação inicial tenho mais é que agradecer à *Folha* por ilustrar de forma tão clara, crua e quase banal a disparidade tão necessária de ser debatida e, principalmente, o que significam enquanto conceito, enquanto expectativa social a maternidade e a paternidade.

Desde a treta com as mães de pet[40] que eu (e uma parte das feministas mães com quem converso) insisto no fato de que maternidade não é apenas sobre amor ou sobre amar incondicionalmente. O nome disso que as mães de pet reivindicam é, na verdade, paternidade!

Paternidade é sobre amor, porque paternidade é facultativa.

---

40 Para quem não sabe: todos os anos, no dia das mães, acontecem algumas homenagens às "mães de pet" que "não têm filhos humanos, mas também são mães". Algumas páginas de mães feministas problematizam, assim como eu, a "homenagem" — não por minimizarmos o amor e o cuidado com que essas mulheres cuidam de seus animais de estimação, mas justamente pela romantização do que significaria "ser mãe". Por que tudo isso é importante? Por que se importar com pessoas querendo se intitular mães em um dia que é, na verdade e principalmente, comercial? Justamente porque essa autodenominação evidencia e escancara o quanto esse papel é romantizado e ao mesmo tempo diminuído. Deve ser levado em conta também o especismo que permeia a discussão, e há uma perspectiva muito interessante na pesquisa que resultou no livro: GRAZIUSO, B.K; DE CARLOS, Paula P; MEDEIROS, F.L.F. Mães de *pet: maternidade e especismo*. 1 ed. Canoas: Editora La Salle, 2018.

Porque paternidade permite viver sua vida e ser matéria de capa de uma revista sobre o dia dos pais sem que haja qualquer destaque ao que representa esse papel na vida deles.

Maternidade é sobre:

1. perder oportunidades de emprego por ser mãe;

2. sentir culpa e ser julgada por suas escolhas **o tempo todo**;

3. não ter mais direito à vida pessoal que não envolva os filhos (ou sem ser julgada por isso);

4. não dormir decentemente por meses a fio (se não anos...);

5. ter a **responsabilidade** de criar um ser humano de valores, que não seja babaca e faça o mínimo possível de besteiras no planeta.

Repararam como é difícil achar casos de pais solteiros (quando a mãe deixa a criança aos cuidados do pai ou faleceu) em que eles cuidam da criança sozinhos? Quase sempre as crianças vão morar ou são cuidadas quase que integralmente pelas avós, e mesmo assim os tons para esses pais são em geral elogiosos.

"Ele é um pai maravilhoso, mas não tem muito espaço na casa dele. É melhor para as crianças ficar aqui que elas têm mais espaço." "Ele trabalha demais para dar tudo o que elas precisam." "Filho, você também precisa se divertir um pouco, conhecer alguém. Deixa que eu fico com as crianças!"

Vejam, não estou defendendo que a rede de apoio não seja essencial e até louvável, mas é interessante observar nesse fenômeno, dado que o mesmo não ocorre com mães solo (cenário absurdamente mais comum, diga-se de passagem). Embora muitas também acabem contando com suas mães para poder trabalhar, elas dificilmente são "aliviadas" por isso; ao contrário, quase sempre são cobradas se fazem qualquer outra coisa da vida no seu tempo livre (como sair e tomar um chope) que não seja cuidar das crianças. Elas costumam também ser culpabilizadas pela péssima escolha que fizeram para procriar (porque, obviamente, o sonho de toda mulher é ser abandonada com um filho para criar sozinha), enquanto, no caso dos homens, bem sabemos como funciona.

A realidade é que pai que consegue conciliar hobby não é novidade nenhuma! Seja o hobby escalar o Himalaia ou a cerveja com os amigos.

Novidade é mãe que consegue ter uma noite com as amigas ou, mais raridade ainda, uma noite sem o filho em que não perguntem o tempo todo: "Mas e o Fulaninho?" Novidade seria uma mãe que consegue não sentir nem um pingo de culpa por estar fazendo algo única e exclusivamente pelo seu prazer e que não envolva o filho em absolutamente nada.

Aliás, o que tem de mais similar entre a reivindicação da maternidade de humanos e de pets é a ausência masculina da pauta. Eu digo em maio que quero ver os pais de pet querendo ocupar seu papel em agosto. Seguimos aqui esperando sentadas. Deve ser porque estão ocupados conciliando suas muitas tarefas com a paternidade.

Entre recorrentes postagens de mães culpadas por deixar a filha na escola para trabalhar, certa vez me deparei com o comentário de um pai — com a melhor das intenções — sobre como ele (ao contrário da colega afundada em culpa e lamentação) deixava sua filha na escola "com a maior satisfação… blá-blá-blá…" "Pai é mesmo diferente", concluiu ele.

É! Pai é mesmo diferente: não sente culpa, porque homens não foram socializados para isso e não sabem, mesmo que queiram, o tamanho da pressão que nos é colocada nos ombros do momento em que aquelas duas listras aparecem na nossa frente, e até mesmo antes (na pressão para engravidar).

Ou talvez porque não era ele que tinha que lidar com noites insones cuidando da cria doente (enquanto a mulher também estava convalescendo) e ainda ter que chegar ao trabalho bela, saltitante e pensante.

Pai é diferente…

Amor de pai é leve! Amor de mãe pesa… amor de mãe dói!

Amor de pai é lindo! E facultativo…

Amor de mãe vem com culpa acoplada pelas próximas dez gerações!

Amor de pai inclui escalar montanhas e ter hobbies e depois repassar essa paixão para o filhote. Amor de mãe significa não poder beber uma gota de álcool durante a amamentação[41] e ter que ser a chata que manda vestir uma blusa ou arrumar os brinquedos.

É… pai é mesmo diferente!

Acha que estou viajando, exagerando, sendo dramática, estou de frescura de feminista mal-amada? Pois veja só: em 2016, a própria *Folha* publicou uma reportagem sobre a levantadora da seleção de vôlei que deixou de amamentar sua filha para competir pelo Brasil, e o assunto repercutiu de uma maneira completamente acusatória e culpabilizadora para essa mulher, independente do ângulo pelo qual se olhasse. Ainda que algumas mães dissessem que a decisão é dela e que ninguém tem nada a ver com isso, uma importante parcela caía no: "Não julgo, mas eu jamais teria coragem porque, sabe, os meus filhos são minha prioridade sempre! Porque emprego nenhum, dinheiro nenhum no mundo é mais importante do que os filhos… blá-blá-blá."

Vejam, estávamos aqui discutindo a possibilidade de a mulher ganhar um ouro olímpico, e as pessoas estavam como? Orgulhosas? Achando lindo o modo como ela conciliava a carreira de superatleta e a maternidade? Não! As pessoas estavam 1) chamando-a de gorda; e 2) criticando as escolhas dela enquanto mãe e profissional (provavelmente criticariam também se ela abandonasse o vôlei para cuidar da filha em tempo integral, afinal, é preciso dar conta de tudo).

Essa cobrança sobre nós é injusta, pesada, cruel, e precisamos falar sobre ela! O contrário sequer é cogitado: com frequência vemos pais atletas perderem o nascimento dos filhos, e todo mundo se comove com o "sacrifício" que eles estão fazendo pelo país — isso é muito injusto!

Na mesma época, houve uma polêmica sobre a entrevista em que a cantora Sandy disse não querer ter mais filhos porque se sente culpada por não ter tempo. Em vez de refletirmos sobre por que

---

41 Sobre bebida e amamentação, vale conferir os estudos mais atualizados que indicam não haver necessidade de a mãe se privar de um consumo moderado e esporádico. Veja mais em: http://cisa.org.br/artigo.php?FhIdTexto=233. Acesso em: 19 mar. 2019.

cargas d'água a pessoa tem que dar satisfação ao mundo sobre sua maternidade, as pessoas apareceram para condená-la porque "ela já tem dinheiro suficiente" e "não precisa trabalhar", que "se ela quisesse, ela arrumaria tempo".

Incrível como mãe só pode trabalhar por necessidade e não por realização. Filhos devem ser prioridade, mas só da mãe.

Eu adoraria ver grupos de pais debatendo esse dilema entre paternidade e carreira. E é somente quando eles também se engajarem nisso que as coisas nas empresas poderão efetivamente mudar.

Crianças devem ser prioridade, sim! Dedicação à infância também! Mas não apenas da mãe. Também do pai, da comunidade, do Estado, das empresas. Através de políticas públicas, creches de boa qualidade e com horários que atendam às necessidades das famílias, tudo aquilo pelo que lutamos diariamente.

Ser mãe é ter que justificar para o mundo por que você irá competir nos Jogos Olimpícos. Ser pai é ganhar confetes por cumprir a sua obrigação e ser matéria de capa quando você "concilia" a paternidade com — pasmem — sua vida! É preciso muito pouco para ser considerado um paizão. E é preciso muito pouco para ser considerada uma péssima mãe.

Vejam, o objetivo dessa análise e das críticas a esse tipo de matéria não é falar sobre pais e mães individualmente, e sim sobre maternidade e paternidade e suas concepções e pesos sociais. A crítica não é aos pais da matéria e nem àqueles que se dedicam com esmero a essa missão! Meu marido mesmo é um ótimo pai e nosso filho é muito privilegiado por ter um exemplo masculino tão íntegro, responsável e cumpridor de suas responsabilidades. Mas, sim, ele concilia a paternidade com seus hobbies e segue tomando sua cerveja com os amigos enquanto eu continuo aguardando o dia em que possa sair de casa, viajar ou tirar um tempo para mim sem ter que pensar em toda uma logística, deixar tudo certo e ajeitado e, principalmente, sem ser julgada por isso. Eu demorei quase 18 meses (isso sem contar a gravidez) para sair com as minhas amigas à noite para curtir e espairecer a mente, e ainda assim espera-se que me sinta culpada, e sou criticada quando digo que gosto de poder deixar Cacá para poder pegar uma baladinha e dançar. Sim, porque eu deveria compreender que "ser mãe é padecer no paraíso", mas ser pai é poder ser você e ainda ter esse serzinho pequeno e delicioso amando-o incondicionalmente e enchendo-o de abraços quando você volta para casa.

Meu desejo é que possamos liberar as mães desse fardo inclusive para que mais e mais pais sejam como os do meu filho e tantos outros que se dedicam a paternar de forma diferente. Para isso precisamos discutir, além da divisão de tarefas, também a divisão de responsabilidades, a mudança cultural e a carga mental e socialização da masculinidade.

Uma vinheta francesa que viralizou nas redes sociais literalmente desenhou por que eu me sentia e sinto tão cansada, tão exausta, tão culpada, mesmo tendo um marido que é um pai presente e que faz infinitamente mais do que a maioria dos homens sequer sonha. Criada pela quadrinista francesa Emma, a tira faz uma sátira bastante realista escancarando como a divisão sexual do trabalho está enraizada na nossa sociedade de formas muito mais sutis e profundas do que imaginamos.

Chama-se de carga mental o fenômeno do cérebro rodar em segundo e terceiro planos pensando sem parar nas coisas que têm que ser feitas, antes, durante e depois de delegá-las. É todo o trabalho que faz o ambiente doméstico funcionar e uma criança não sair pela rua sem roupas de seu tamanho ou ficar sem fraldas no meio da madrugada porque ninguém viu que estavam acabando. É o lembrar que tem que agendar a consulta com o pediatra, dar vacinas, ver a tarefa da escola, comprar o presente para a festa de aniversário do amiguinho e organizar a própria festa dele (quando esta é uma possibilidade).

A questão é que, mesmo em famílias em que o casal divide as tarefas operacionais (ou seja, a execução), geralmente é só a mulher (especialmente mãe) quem tem que pensar em toda a estratégia e logística, já que o marido se coloca em atitude passiva e é preciso pedir-lhe para fazer as coisas. A mulher, nos melhores cenários, é praticamente uma "gerente do lar".

Infelizmente, quando se trata de divisão sexual do trabalho, a mulher não é remunerada ou valorizada nem quando ela é "chão de fábrica" e muito menos nos "cargos de liderança". Todo esse cenário faz com que as mulheres, mesmo em casas onde a divisão é supostamente igualitária, estejam exaustas, à beira de uma crise de nervos e, muitas vezes, ressentidas.

Sim, ressentidas, pois todo esse trabalho não é visto e muito menos é valorizado. Jamais ouvi histórias sobre o marido que, ao chegar em casa, elogiou a esposa por ter pensado em tudo o que era necessário para que o filho fosse à escola. Eu mesma nunca ouvi um elogio sequer por ter pesquisado sobre praticamente tudo o que diz respeito a parto, amamentação, alimentação, cama compartilhada, pedagogia, disciplina positiva. Por entrar em grupos de desapego para procurar a fantasia para o primeiro carnaval, o melhor lugar para levá-lo para um passeio. Nem uma palavra!

Por outro lado, todos os elogios ao homão da porra do meu lado por apoiar meu parto normal, dar suporte à amamentação, "aceitar" dividir a cama com o bebê, por se esforçar para ter uma disciplina positiva e assim por diante.

A expressão homão da porra surgiu ironicamente em referência ao Rodrigo Hilbert por todos os seus "grandes feitos" como cozinhar, fazer crochê e ser ativo na criação de seus filhos. Ele mesmo se manifestou publicamente repudiando o título e levantando a injustiça desse tipo de alcunha, mas é bastante ilustrativo como a coisa toda se desenhou, pois, de novo, ilustra toda a desigualdade em um sistema no qual o homão da porra não faz nem metade do que qualquer mulher mediana; se comparado a uma mãe solo, por exemplo, é risível o desnível de tarefas e expectativas.

Uma outra faceta dessa desigualdade, e talvez a mais perversa com eles, é a desconexão masculina com seus filhos, justo por culturalmente não serem ensinados desde sempre a dedicarem-se ao cuidar e ao criar vínculos emocionais e afetivos mais profundos com quem quer que seja. Conectar-se com uma criança requer desprendimento emocional e conexão com sua vulnerabilidade, o que desde cedo lhes é tolhido dentro da criação machista a que os meninos são submetidos. Existem alguns pais fazendo movimentos e trabalhos incríveis em relação a esses temas, e toda vez que vejo esse tipo de iniciativa me sinto um pouquinho mais esperançosa que a geração do meu filho possa experienciar a paternidade de uma forma completamente diferente. Falarei sobre isso logo mais.

O caso de um pai que fez a festa de aniversário do filho sem a presença da criança causou comoção nas redes sociais.[42] Supostamente, a mãe do menino teria covardemente inviabilizado sua presença, e as clássicas acusações de uso da criança como instrumento de vingança foram levantadas. Milhares compartilharam o desabafo inconformado do pai, e, é claro, choveram críticas para a mãe: imatura, ressentida, vingativa, insensível, daí para baixo.

Dias antes, uma página se apropriou de uma campanha idealizada para denunciar o abandono paterno para acusar **mães** de alienação parental, tendo, de novo, milhares de compartilhamentos. Outra campanha, dessa vez de uma página chamada "Amigos do Conselho Tutelar", culpava as mães pelos abusos sexuais cometidos por parceiros contra seus filhos, acusando-as de fazer "rodízio de padrastos" (com o "rodízio de madrasta", muito mais comum e que causou duas das mortes mais chocantes de crianças no Brasil nos últimos anos, ninguém parece se incomodar).

Apenas em 2018, três amigas vivenciaram episódios infames no judiciário enquanto lutavam para que os pais de seus filhos cumprissem o mínimo de suas obrigações. Todas ouviram variáveis de: "Ele paga o quanto pode", "Ninguém manda querer amamentar, não dá para ter tudo na vida!", "Ele está desempregado, como pode ajudar se não tem emprego?!" (Gostaria de saber como fazem todas as mães solo desempregadas deste país.)

Tudo isso no país em que:

- mulheres são obrigadas a levar adiante gestações indesejadas para tantas vezes verem-se mães desassistidas e desamparadas (mais de 30% — ou 20 milhões — das mães brasileiras são mães solo);

- 5,5 milhões de crianças não têm sequer o nome do pai na certidão de nascimento (isso sem falar das que têm apenas o nome);

---

42 Ver https://revistacrescer.globo.com/Curiosidades/noticia/2018/04/mae-explica-porque-nao-deixou-o-filho-ir-propria-festa-de-aniversario-organizada-pelo-pai.html. Acesso em: 20 mar. 2019.

- diariamente, crianças se sentam à janela esperando o pai chegar naquela visita tão anunciada, tão esperada e tantas vezes frustradas em que a mãe tem que explicar à criança que a culpa **não é dela!** (Mas sem falar mal do papai, ou seria alienação parental.)

O arquétipo do homão da porra também serve a um mito bastante perverso com mães e crianças. O de que o judiciário beneficia mães.

"Espere, você está dizendo que não é verdade que a maioria das crianças fica com a mãe?". Não. Estou dizendo que precisamos compreender que a causa dessa realidade é mais uma manifestação do machismo que naturaliza mães como principais cuidadoras e permite a homens sequer cogitarem pedir a guarda de seus filhos e seguirem a vida recomeçando e tentando quantas vezes forem necessárias. Há também homens que ajuízam ações de guarda para ameaçar tirar os filhos da mãe como mecanismo de redução da pensão. Quando elas cedem, "milagrosamente" eles deixam de incomodar com a questão da guarda e visitação. Curioso, não? Minha experiência com o tema é de que um homem que efetivamente queira a guarda de seus filhos provavelmente a conseguirá. De novo: "É preciso muito pouco para ser considerado um paizão. E é preciso muito pouco para ser considerada uma péssima mãe!" Quem milita na área do direito de família não me deixa mentir.

No judiciário não é diferente: mães são tratadas como "folgadas", "desocupadas" e "que querem ganhar sem trabalhar". Uma mãe que ouse sair à noite ou ter um relacionamento afetivo com outro homem é um desvio, promíscua! Se precisa viajar a trabalho, com quem vai deixar os filhos?

Eu realmente gostaria de viver em um mundo onde nos dessem o mesmo benefício da dúvida dado aos pais. A mesma régua de medição de qualidade. Que não compartilhem desabafos de pais sofrendo com alienação parental sem antes ouvir a versão da mãe. Ela possivelmente é mais uma mulher exausta, cansada de ter que lutar por migalhas, de ter que explicar ao filho que o pai hoje não vem. Cansada de ver o cara tomando cerveja com os amigos, enquanto não tem dinheiro pra roupas, para remédio. Cansada de ter que pedir "ajuda" para ir à faculdade, ao trabalho ou de dar satisfações caso tenha saído para se divertir. Peço que nos deem o direito de errar. De sermos imaturas às vezes e de aprendermos com os nossos erros. Que nos tirem das costas o peso da humanidade e de todas as suas mazelas, pois ele é incrivelmente duro e difícil de ser carregado.

Claro que existem exceções, e a construção machista de mundo penaliza também homens que queiram, por exemplo, conectar-se de forma mais profunda com seus filhos. Como o farão em cinco dias de licença-paternidade? Como, quando são malvistos por terem comportamentos afetivos, emocionais ou se ocuparem com "coisas de mulher"? Como irão acolher tanto choro, se nunca puderam acolher nem o deles mesmos? Se nunca tiveram a oportunidade de treinar? Como farão mil coisas ao mesmo tempo, se lhes foi dito (e mostrado na prática) que eles são monotarefas, e as meninas, multitarefas?

Desejo aos pais que experimentem conciliar tomar banho e ir ao banheiro com neném chorando no seu pé. Que experimentem mais cafés frios e almoço atrasado e bagunça na casa. Que conciliem o dizer não ao chefe que quer marcar aquela reunião às 18h com uma boa performance que traga resultados e justifique seu emprego. Quanto mais eles conciliarem isso, mais as mães se libertarão para conciliar suas próprias existências com a maternidade. E que eles saibam que esse é o verdadeiro presente para os filhos e filhas deles: um mundo mais igual, mais leve e livre de culpas.

Criando pais desde o berçário

Foi difícil disfarçar a decepção quando soube que estava grávida de um menino.

Mãe de um MENINO? Logo eu! Vítima das mais cruéis formas de machismo que a sociedade nos proporciona: abuso, assédio, *mansplaining*,[43] *gaslighting*[44] e todas as demais formas de misoginia a que estamos diariamente expostas enquanto mulheres.

---

[43] O termo é uma junção de *man* (homem) e *explaining* (explicar). É quando um homem dedica seu tempo para explicar a uma mulher como o mundo é redondo, o céu é azul e 2+2=4. E fala didaticamente como se ela não fosse capaz de compreender, afinal é mulher. Fonte: Think Olga

[44] O termo *gaslighting* surgiu por causa de um filme de mesmo nome, de 1944, em que um homem descobre que pode tomar a fortuna de sua mulher se ela fosse internada como doente mental. Por isso, ele começa a desenvolver uma série de artimanhas, como piscar a luz de casa, por exemplo, para que ela acredite que enlouqueceu. Um caso recente, ocorrido dentro da marinha norte-americana, foi noticiado pela imprensa: cinco mulheres afirmaram ter sido vítimas de estupro dentro da corporação; poucos meses depois, todas foram afastadas por problemas emocionais. *Gaslighting* é a violência emocional por meio de manipulação psicológica, que leva a mulher e todos ao seu redor acharem que ela enlouqueceu ou que é incapaz, e uma forma de fazer a mulher duvidar de seu senso de realidade, de suas próprias memórias, percepção, raciocínio e sanidade. Este comportamento afeta homens e mulheres, porém, somos vítimas culturalmente mais fáceis. No dia a dia, aposto que vocês já ouviram: "Você está exagerando!" "Você é sensível demais!" "Pare de surtar!" "Você está delirando!" "Cadê seu senso de humor?" "Não aceita nem uma brincadeira?" E o clássico: "Você está louca!"

Eu saberia exatamente como agir se minha filha fosse assediada, abusada ou humilhada. Saberia como defendê-la e como ensiná-la a lutar. Saberia abraçá-la e chorar com ela. Precisei aprender a me defender dos homens muito cedo e saí vitoriosa nessa guerra. Quando pensava em uma menina, estava preparada a ter uma "companheira de luta" ao meu lado e sabia exatamente o que nos esperava.

Agora, mãe de MENINO?

E se o meu filho for o cara que manda nudes sem autorização? O cara que objetifica mulheres e as trata como meros corpos para seu gozo? O cara que ilude? Que se gaba de ter "pegado" várias menininhas. E se ele achar que o mundo é dele por direito e que a voz dele deve ser sempre ouvida quando tem uma mulher falando?

Refletindo mais e mais sobre o assunto enquanto a gravidez avançava e eu já me via completamente louca de amores por esse bebê, deparei-me com o maravilhoso documentário chamado *The mask you live In* (*A máscara em que você vive*), que mostra o quanto a construção de uma masculinidade tóxica faz refém, além das meninas, também os meninos.

Passei a olhar o mundo com outros olhos.

Passei a olhar o sistema com outros olhos.

Passei a olhar o feminismo com outros olhos.

Passei a olhar o meu papel enquanto mãe com outros olhos.

E se meu filho achar que não pode chorar? Ou que os sentimentos dele devem ser abafados, que seu coração deve ser silenciado e que afeto não é coisa de macho? E se ele sofrer por amor ou por ser "sensível demais"? E se ele quiser fazer "coisas de menina"? E se ele achar que sexo e amor são necessariamente coisas distintas e que ele precisa estar sempre "a ponto de bala" e não pode se negar a nada (a não ser que a mulher seja lida como feia...)?

A gente sempre fala que não tem nada mais frágil que ego de homem, e nunca havia compreendido o quão triste é essa constatação até olhar para o meu bebê.

Estou careca de saber que a socialização machista traz a nós mulheres consequências incomparáveis e muito mais cruéis do que as reservadas aos homens, mas o desafio de se criar um menino e perceber o quanto também lhe é tolhido em sua existência pela expectativa de que ele seja forte, não chore, não seja sentimental, não fique de "frescura" e, principalmente, não se comporte como uma garota torna não apenas necessário como indispensável para alterarmos a realidade da violência contra as mulheres (todas elas) e da exaustão materna que tanto tenho falado aqui.

Hoje olho para o meu menino e me corta o coração imaginar alguém tolhendo a sua sensibilidade que é tão linda, a doçura que eu vejo em seus olhos quando faz carinho em uma plantinha ou pede beijinho no dodói. Não consigo deixar de pensar em quantos meninos passaram e ainda passam por esse processo até tornarem-se essa geladeira de emoções, pessoas desconectadas de seus sentimentos, de suas emoções mais profundas e que ainda "se orgulham" disso. Como perdemos a oportunidade de trabalhar a construção das masculinidades e como isso é triste. Ainda mais agora quando estou com meu menino no colo.

De todas as formas de opressão, o machismo talvez seja das mais perversas justamente por subjugar oprimidas e opressores. Além de ser capaz de perpassar absolutamente todas as classes sociais, raças e etnias. O machismo é tão estrutural e encalacrado que é até difícil visualizar com profundidade todas as suas faces. Trabalhei um bocado isso na terapia até entender que meu desconforto residia justamente na possibilidade de deparar-me com o opressor dentro de casa e sob minha responsabilidade. A sociedade já começa nos aprisionando aí: se a culpa do machismo do meu marido é da mãe dele, a do meu filho certamente será minha!

A construção da masculinidade está diretamente ligada à forma como os homens virão a se comportar enquanto pais e, consequentemente, como a maternidade será vivenciada individual e socialmente por nós mulheres.

Como querer homens presentes na vida de seus filhos, que acompanhem consultas ao pediatra, cuidem de crianças doentes, acordem à noite para alimentar ou apenas acalentar seus bebês, se durante toda sua vida lhes foi dito que tudo isso são "assuntos de mulher". Que elas têm "mais jeito com essas coisas". Se lhes concedem patéticos cinco dias de licença-paternidade, e quando saem para ir a uma consulta com o filho logo o chefe pergunta: "Mas e a mãe?"

Se desde bebês não os deixam brincar com "coisas de meninas", como é que eles irão saber (ou querer) fazer o que devem na vida adulta?

Eu já ouvi relatos (bem mais de um) de mães de bebês de pouco mais de um ano sendo criticadas por seus filhos brincarem de boneca, panelinhas ou de fazer faxina. Meu filho brinca com todas essas coisas e sentimos na pele a dificuldade de buscar brinquedos que não sejam tão marcados pelo gênero. Todo jogo de panelinhas é rosa; vassoura e balde, idem. Bonecas que falam, só falam "mamãe", e parece que desde a mais tenra idade o mundo lhe diz: "Isso não é para você!"

Além do machismo por trás dessa marcação de gênero tão forte desde tão cedo ser responsável pela sobrecarga que acomete mulheres e mães na vida adulta, ela também é responsável pela homofobia que mata milhares de pessoas no Brasil, seja pela violência brutal de terceiros, seja por suas próprias mãos, quando não suportam a rejeição à que são relegados e acabam por tirar a própria vida. Criam-se expectativas quanto ao modo como aquela criança deverá se comportar por ser menina ou menino, e ao mesmo tempo agem sobre ela exigindo que tais expectativas se confirmem, reforçando que aquele comportamento é o comportamento correto para uma menina ou um menino. Qualquer coisa que fuja do que é esperado faz com que a criança se sinta estranha, inadequada e errada. E assim vamos nos moldando ao que esperam de nós ou nos rebelando o tempo inteiro, enquanto sofremos no processo tanto em um caso como no outro. É assim com as meninas, e é assim também com os meninos.

As expectativas criadas em torno de um filho desde o momento de sua concepção são grandes, e até certo ponto naturais, não apenas de mães e pais, mas de toda a sociedade. Desde que soube que esperava um menino, nunca mais ganhei uma roupinha que não fosse azul, e isso é apenas a ponta do iceberg. Tenho bem claro, por exemplo, que muitos familiares próximos já imaginavam se Ricardo será advogado como os pais, se será namoradeiro ou se será calminho, se vai gostar de futebol como o pai e se será são-paulino.

No que se refere à identidade de gênero e sexualidade, no entanto, o ponto de partida para todas as demais expectativas, sejam elas quais forem, é o de que: (i) porque ele tem um pênis ele será um menino; e (ii) ele será heterossexual. Ou seja, vem-se ao mundo com expectativas a serem atendidas e desde pequenos somos educados a seguir os padrões impostos pela sociedade no que tange à nossa sexualidade. Há uma divisão comportamental muito clara do que se espera de meninos e de meninas e eles serão a base daquilo que chamamos de heteronormatividade, ou seja, o padrão canonizado de regras que limitam a liberdade do outro de viver abertamente a sua sexualidade e, mais ainda, a sua personalidade. O resultado dessa educação sexista é a formação de adultos despreparados para aceitar e/ou conviver com o que se considera diferente e homens que acreditam que, para ser um homem de verdade, é preciso apresentar características específicas ligadas a uma virilidade e masculinidade que são absolutamente tóxicas e violentas para eles e para nós.

Eles perdem a possibilidade e o direito de criarem laços e conexões de afeto pautadas no toque, na amorosidade e de realmente se conectarem com suas emoções, o que prejudica e complexifica suas relações, tanto no caso de casais heterossexuais quanto em relacionamentos homossexuais e também nos que não envolvem sexo e romance, como amizades e a própria paternidade.

Quantos homens relatam ter uma dificuldade imensa, às vezes um bloqueio real, em abraçar seus filhos, tocá-los e dizer "eu te amo", simplesmente porque não aprenderam a fazer isso?

O mais interessante e comovente é que, quando eles se permitem, a experiência é libertadora e absolutamente transformadora. No seu livro *Abrace seu filho*,[45] Thiago Queiroz, o "Paizinho, Vírgula", faz um lindo apanhado dessa reconexão.

Uma outra face dessa construção tóxica de masculinidade é o formato de liderança que se perpetua há pelo menos cem anos nas empresas e no mundo corporativo em geral. É a ideia de que as pessoas separam (ou deveriam separar) seus sentimentos de seu trabalho e que para serem bons líderes elas precisam ser agressivas, carismáticas, inteligentes, mas **jamais** sentimentais ou emotivas. Chorar nem pensar!

Não é mera coincidência que nos ensinem a vida toda a ser exatamente o que se espera que um profissional de sucesso **não seja,** e aos homens, tudo exceto o que se precisa saber para desenvolver o cuidado.

---

45   Thiago Queiroz. *Abrace seu filho*. Caxias do Sul: Belas Letras, 2018.

Se queremos homens que sejam pais, parceiros, que cuidem, que queiram ocupar seu espaço na divisão de tarefas, seja com o cuidado com a casa, seja com o cuidado com as pessoas (crianças, idosos, enfermos etc.), precisamos construir isso desde o berçário. Digo mais, precisamos mudar a lógica com que tratamos meninas e meninos desde a concepção.

Seja questionando os bizarros códigos de vestimenta para bebês e brinquedos para meninos e meninas, seja estimulando brincadeiras que permitam aos meninos também treinar para serem pais, enquanto as meninas treinam para ser astronauta.

Que possamos permitir a todos, mas especialmente aos meninos, já que a sociedade lhes nega esse direito, que chorem, que acolham seus sentimentos e que saibam que está tudo bem ficar triste, magoado ou emocionado. Que os meninos se permitam mais e mais conectar-se com seus sentimentos sem que às meninas isso seja tolhido. Não se trata de inverter, mas de humanizar a todos.

Que nossos meninos tenham mais abraços, beijos, carinhos e cafunés em todas as idades e saibam que isso também é legal com o papai, o amiguinho e quem mais for merecedor de seu afeto.

Que meu filho nunca precise perder o olhar encantado com uma florzinha ou um peixe e possa manter o jeito doce em todas as suas relações.

Que eles possam ver os corpos nus de uma mulher real com naturalidade, e não que os primeiros corpos nus de uma mulher que eles vejam sejam os de conteúdo pornográfico e objetificado, para que eles saibam que pessoas são assim: de todos os formatos, de todos os jeitos e merecedoras de carinho, cuidado, gentileza e respeito.

Que eu possa ensiná-lo ao longo de toda a sua vida, mas especialmente na adolescência, que meninas são iguais a ele e devem ser tratadas com dignidade e respeito a todo momento. Sem serem interrompidas, diminuídas ou questionadas o tempo inteiro.

Que ele aprenda pelo discurso e pela prática que não é não e que o espaço e o corpo do outro devem sempre ser respeitados, sem exceções! E isso começa com o respeito pelo corpinho dele. Aqui em casa qualquer brincadeira, como fazer cócegas, por exemplo, para imediatamente quando ele pede ou diz não. E só recomeça se ele mesmo pede para continuar.

Precisamos de cada vez mais mulheres e das mais diversas falando para homens, e também de homens falando para homens, sobre machismo, que não é uma pauta só nossa. Precisamos que eles sejam parte da solução do problema que eles criaram e do qual eles são ao mesmo tempo algozes e, por vezes, vítimas.

Precisamos de Rodrigos Hilberts fazendo crochê e cozinhando. Precisamos de iniciativas que discutam paternidade como a do "Paizinho, Vírgula" e a de outros pais que tem se juntado para debater esses temas em *podcasts*, canais no YouTube, páginas online e livros. Precisamos que eles se questionem, porque nada, ou muito pouco, mudará enquanto homens comuns não pararem para ouvir.

Discutir até a exaustão maternidade compulsória entre mulheres é essencial; conscientizar pais a ocuparem seus espaços e assumirem suas responsabilidades, também!

Outro dia eu estava dizendo ao meu marido que Cacá precisava ter uma boneca "para aprender a ser pai e que isso também é coisa de menino". Ele me respondeu: "Ele vai aprender a ser pai vendo o pai dele trocar fralda, fazê-lo dormir, dar banho, brincar. Olhando para nós ele vai aprender que a mãe trabalha, o pai trabalha, e todos cuidamos uns dos outros." Sim, ele vai aprender isso em casa e eu fico feliz que ele veja isso também na mídia! Que ele veja o Rodrigo Hilbert ser também um "homão da porra", ou o Lázaro Ramos, ou o pai do amiguinho dele, que ele tenha exemplos de homens e de mulheres para se espelhar.

Eu, enquanto mãe de um menino, quero sim a ajuda de outros homens para mostrar ao meu filho o caminho da desconstrução e da igualdade. Eu quero que meu filho leia homens que falem sobre isso e veja homens sendo subordinados. Homens que não nos interrompem e homens que se questionam! Eu quero que, além de ver a mãe dele ocupando todos os espaços que lhe der na telha, ele veja o pai se questionando e outros homens como o pai dele falando que não sabem, que querem aprender conosco.

Eu quero ajudar a construir um lugar mais digno para todas as mulheres e meninas, e que todas que cruzem o caminho do meu menino saibam que a mãe dele botava a mão na massa e ia à luta ao lado de todas e todos que se dispusessem a construir coletivamente esse lugar.

Entender que nem sempre a luta é com o escudo e a espada foi mais um dos aprendizados que Cacá me trouxe. E eu sou puramente grata.

CAPÍTULO 4

A mulher que habita em mim: onde ela foi parar?

O luto pela mulher que fui: reencontrando-se após a maternidade

Uma das coisas que mais ouço de mulheres que são mães é que "quando você se torna mãe, morre quem você era antes para nascer uma nova mulher" — normalmente, uma versão melhorada, ao menos no imaginário coletivo, em que aparentemente este ser abençoado que nasce é praticamente o equivalente a aceitar Jesus em seu coração —, e que esse processo (o de morte e renascimento) é o que causa esse estranhamento quando nos olhamos fundo no espelho, olho no olho com nós mesmas, e não nos encontramos.

Não importa que, caso tenha gestado, você esteja com dores em lugares inimagináveis, órgãos nadando dentro da sua barriga para voltar ao lugar, o bico do seio rachado, sem dormir e com os hormônios dançando algo parecido com um tango alternado a um chá-chá-chá no seu *corpitcho*. Não deve ser o fato de ter um ser humano chorando e exigindo sua atenção 24 horas por dia, ou o fato de aparentemente ninguém mais ter os superpoderes que dizem que você tem; certamente há uma razão muito nobre para tudo isso que você está sentindo — a solidão, o desespero, o medo indescritível e o amor misturado com pânico e sensação de inadequação. A causa é nobre, e você se transformará nessa versão melhorada de você mesma, de quem se exige que mova montanhas, faça mil coisas ao mesmo tempo e durma três horas por noite, mas mantenha o cérebro afiado para aquela reunião importante.

Demorei pouco para "voltar" a mim mesma no puerpério (cerca de duas semanas), mas muito mais para descobrir todas as nuances dessa nova Tayná, seus novos limites, desejos e sonhos. Acho que ainda estou em processo, mas a verdade é que o luto foi essencial para que abrisse a porta para mim e mergulhasse nas sutilezas das mudanças sem me anular no meu novo papel, como a sociedade e muitos ao meu redor gostariam que eu tivesse feito.

O início do meu puerpério foi bastante intenso emocionalmente, e eu parecia uma fonte de lágrimas chorando por absolutamente qualquer coisa. Chorava olhando para o Cacá e para o Jerimum, para quem não conseguia dar atenção. Chorava grata por meu marido estar sendo incrível e por morrer de medo de não dar conta sozinha quando ele voltasse ao trabalho. Chorava porque a pizza chegou ou porque não veio o refrigerante que eu queria. Às vezes estava sentada conversando com alguém e simplesmente começava a chorar sem qualquer razão aparente.

Foi fácil de atribuir tudo isso ao desequilíbrio hormonal e ainda assim foi apavorante. Não conseguia imaginar como eu poderia ser capaz de voltar à minha vida profissional e intelectual no meio dessa choradeira sem fim e que parecia impossível que algum dia fosse embora, ainda que racionalmente eu soubesse que sim, ela iria.

A Tayná executiva, viajante, interessante intelectualmente e que tomava decisões estratégicas com mais facilidade do que escolhia a roupa do dia parecia uma lembrança borrada de outra vida. Eu sabia que ela tinha existido, que ela era eu, mas realmente não sentia nenhum resquício dela dentro de mim. Como seria capaz de voltar a ser aquela mulher se eu mal conseguia lembrar o que é que eu fui fazer na cozinha enquanto fitava a geladeira aberta por intermináveis minutos?

Eu me lembro exatamente do momento em que senti que não estava totalmente perdida nesse labirinto de sombras e espelhos em que me sentia todos os dias quando buscava a mim mesma. Após uma consulta de retorno com a minha amada consultora de amamentação (Cacá tinha mais ou menos uns 20 dias), eu criei coragem para perguntar a ela sobre seu plano de negócio, pois tinha achado muito barato (e um tanto insustentável) o modelo de atendimento (principalmente considerando o quanto ela era maravilhosa!).

Quando vi, estava há duas horas explicando para ela como ela deveria estruturar seu negócio, falando de autoconhecimento, protagonismo, crenças, sombras, dando palpites e pedindo que ela me mandasse alguns exercícios preenchidos para que eu pudesse ajudá-la. Levei um susto quando me dei conta de que finalmente eu estava ali. Eu me reconheci! Foi como aquelas cenas de filme, em que eu me vi lá de cima dando uma piscadela para mim mesma em um misto de alívio e emoção. Ela foi embora, eu fui para o quarto e olhei para o meu marido na cama com um sorriso bobo. Fechei a porta e me encostei nela: "Voltei!", eu disse. E ele entendeu exatamente do que eu estava falando.

Ocorre que este, como qualquer outro processo de autoconhecimento e conexão com nós mesmas, é um processo contínuo e cheio de tropeços, retrocessos, recaídas, recomeços, dúvidas e reconciliações.

Quando Cacá tinha cinco meses, fiz uma viagem sozinha com ele a trabalho. Era só um dia cheio de reuniões, mas foi no meio de um salto de desenvolvimento bem intenso dele —no meio da viagem, ele ficou em pé sozinho. As reuniões eram em um ambiente favorável e acolhedor, mas eu superestimei a maturidade dele e, na volta, peguei um voo tarde, que acabou atrasando, e ele ficou muito irritado. Chorou sem parar por cerca de 20 minutos dentro do avião, um choro que eu não conseguia acalmar de jeito nenhum. Era um choro sofrido, irritado, desconsolado. Até que desabei e chorei também.

Chorei não porque ele estava chorando ou porque as pessoas ao meu redor no avião estavam com cara amarrada. Chorei porque me dei conta de que não seria mais a mesma coisa. De que eu não era mais aquela máquina de trabalho "infalível" e afiada em reuniões. Que minha atenção estava dividida, meu corpo e meu cérebro cansados — aliás, exaustos —, e eu não conseguia ver uma luz no fim do túnel ou saber se um dia voltaria ao mesmo nível de concentração, de animação e de rendimento. Chorei porque percebi que achei que "tinha voltado, mas não tinha chegado 100%". Choramos juntos, consolando-nos um ao outro e em meio a lágrimas salgadas e beijos doces nos acalmamos também. Ele dormiu e eu me perdoei.

Perdoei-me por não ser a mãe idealizada (por mim ou pelos outros) ou a profissional que um dia fui. Perdoei-me por estar cansada e sem paciência e por assumir para mim mesma que eu nem sempre seria excelente e que está tudo bem!

Ao mesmo tempo em que esse dia foi intenso e reverberou por muito tempo nas minhas reflexões, foi também o dia em que comecei a entender que esse processo seria muito solitário e pessoal.

A maioria das pessoas com quem eu conversava sobre isso parecia não me entender. Respondiam-me coisas como: "Ah, mas agora a vida mudou, suas prioridades são outras e você nunca mais será a mesma" (o que parecia querer dizer que eu mesma e o que me faz feliz e me dá prazer nunca mais seriam minha prioridade). Aquilo me entristecia e eu, de verdade, não acreditava muito, não. Por outro lado, era evidente que muita coisa tinha mudado e eu estava desesperadamente tateando essa mudança para me achar ali naquele vácuo.

Mais ou menos 9 meses depois, em setembro, eu estava em Porto Alegre para uma palestra e Cacá foi comigo junto com a babá. Eles ficaram no hotel e eu fui para o evento. Disse que chegaria por volta das 22h e logo que comecei expliquei aos ouvintes que ficaria de olho no celular por conta dessa situação. Isso foi às 20h. Quando me dei conta eram 22h40 e eu sequer tinha olhado para o telefone. Não vi o tempo passar e durante aquelas horas simplesmente me esqueci dele. Esqueci que era "a mãe do Cacá" e fui só a Tayná (por algumas horas). E foi INCRÍVEL!

Cheguei no hotel e voltei a ser a mãe dele e, pouco a pouco, fui encontrando meus próprios mecanismos de "liga e desliga" desse papel que, sim, é apenas mais um papel, não me representa por inteiro, como nenhum outro. Não sou inteira sem cada um dos aspectos que amo ser, e ser a mãe do Cacá é um deles, mas não o maior deles. E conforme essa ficha foi caindo é que fui sentindo-me cada vez mais à vontade nele. Sem aquele medo inicial de errar. De me perder de mim. Um pouco por já ter a certeza de que erro e errarei todos os dias e também a tranquilidade de que meus erros também serão importantes na formação de quem meu filho será um dia. Se eles impactarão para o bem ou não, caberá também a ele. Não tenho a expectativa de que o sucesso dele seja mérito meu, tanto quanto não me apego à culpa pelos insucessos! É com os erros que aprendemos e nos erros que nos reinventamos. Não é errar que nos apequena.

Nós temos dias de muito acerto e em que me sinto totalmente confortável na minha própria pele, e há dias corridos e cheio de erros em que deixo ele chorando para ir a uma reunião porque errei nos cálculos. Às vezes saio com o coração na mão e em mil pedacinhos. Penso em voltar. Penso em desmarcar o compromisso e ficar com ele. Penso em tantas coisas e, no meio delas, o quanto eu sou imperfeita como mãe. Às vezes saio aliviada, silencio o choro e respiro fundo para encher o pulmão do ar que em tantos momentos parece faltar nessa função 24/7 que é a maternidade.

Não é verdade que a maternidade nos faz melhores ou nos torna mais sábias. Também não é verdade que não nos encontramos mais depois dela. Mas é verdade que ela tem um potencial de transformação e reflexão imenso, porque ela nos joga na cara todas as sombras mais assustadoras; e é também verdade que, quando mergulhamos fundo demais, podemos nos afogar.

Não existe uma fórmula ideal para viver o luto da maternidade, mas eu estou convencida de que vivenciar qualquer processo de luto é essencial para que as metamorfoses de nossas existências aconteçam de forma protagonista e rica. E, sim, será entre erros e acertos, avanços e recaídas, encontros e desencontros.

E se eu puder dar uma dica apenas, seria: desenvolva, o quanto antes, a capacidade de se perdoar!

É assim eu quero que seja o meu relacionamento com Cacá. E assim quero que sejam todos os meus relacionamentos: cheios de erros, pedidos de desculpas e amor! Conviver com pessoas "perfeitas" (ou que se achem assim) é pesado! É ruim... sempre nos sentimos menores e em dívida e eu não quero que ninguém se sinta assim ao meu lado — muito menos ele!

Desenvolvendo protagonismo: a capacidade de fazer escolhas que libertam

Em um domingo de desespero, há praticamente 16 meses sem dormir mais do que duas horas seguidas, enquanto meu marido estava em um churrasco com os amigos e eu sozinha com Cacá, recebi um e-mail da LATAM anunciando uma promoção para a rota São Paulo–Roma, e em um impulso desmedido — e um tanto inconsequente — comprei passagens para abril.

Cacá estaria com praticamente 20 meses, e eu realmente não pensei muito sobre a possibilidade de desmame e resolvi que até lá veríamos como seria, e se por acaso achasse que ele não estava preparado o levaríamos conosco.

Contei a novidade para algumas amigas e a reação era ou de julgamento silencioso (ou quase) com a minha irresponsabilidade de causar um desmame abrupto na criança ou, de outro lado, de não compreender a razão de eu estar tão preocupada com isso, sendo que ele "já teria quase dois anos".

Passei uns bons dias questionando a minha decisão, mas, ao contrário do que ambos os lados pensavam, as razões não eram culpa ou achar que eu estava exagerando, mas buscar compreender dentro de mim se eu estava disposta a bancar as consequências daquela minha escolha.

Será que **eu** estava preparada para lidar com um desmame abrupto após ter sonhado e me preparado para um desmame natural e respeitoso? Minha reflexão interna, compreendendo minhas limitações, desgaste e prioridades foi fundamental no processo todo.

Eu falo o tempo inteiro sobre protagonismo porque realmente acredito que ele, juntamente com a (re)construção de uma autoestima saudável, é o antídoto para quase todos os problemas que enfrentamos individual e coletivamente. Ser protagonista e ser vítima é uma escolha diária, e a pergunta que faço a mim mesma e às minhas clientes o tempo todo é: o que você escolhe na maior parte do tempo?

Meu maior desafio ao falar sobre protagonismo e resiliência é o de explicar esses conceitos sem cair na falácia da meritocracia. No meu dia a dia profissional, trazer consciência do poder de escolha ao mesmo tempo em que denuncio a violência estrutural e sistêmica que permeia a nossa existência feminina tem sido um grande aprendizado, inclusive pessoal!

Especialmente em um contexto em que cada vez mais as pessoas buscam soluções fáceis, de preferência milagrosas, de um lado, e gurus vendem discursos de empoderamento individual e meritocrático de outro; ao mesmo tempo em que uma parcela da militância e da academia se dedica a destrinchar problemas sem apresentar soluções que passem pelo sujeito e o livre-arbítrio, eu me vejo muitas vezes espremida em aparentes (e, na minha concepção, falsas) dicotomias.

Vou tomar um tempinho aqui então para desconstruir essa questão e depois as reconstruirmos com o protagonismo, que é libertário.

A falácia da meritocracia consiste em fazer as pessoas acreditarem estar onde estão exclusivamente pelo mérito de seu esforço e trabalho (ou de alguém) e que, portanto, quem não está nessa posição é porque não trabalhou ou trabalhou pouco (ou quem o fez por ela). Isso se aplica tanto a questões profissionais ("sucesso"), como pode ser aplicado a qualquer outra área da nossa vida: se voltamos ou não ao "corpo ideal" depois da gravidez, se temos ou não uma carreira equilibrada com a maternidade, se estamos sozinhas ou acompanhadas, se fazemos exercício, cuidamos da pele, se gerimos bem o tempo e assim por diante.

Eu inclusive sou frequentemente citada como exemplo de determinação e força de vontade por ter, de fato, superado muita coisa e ultrapassado alguns obstáculos pelo caminho. Eu mesma já acreditei nessa falácia e algumas vezes me espelhei no meu exemplo para bradar coisas parecidas por aí. Afinal de contas, não é fácil admitir para si mesma e para os outros que, mais do que tudo nessa vida, o que eu tive foi: SORTE!

Vejam, acreditar que eu era a prova viva de que o sucesso depende apenas de esforço e trabalho era confortável, era gostoso, massageava meu ego e não me dava esse nó na garganta diário por pensar em todas as crianças que não têm o que comer, onde dormir ou um colo amoroso para ampará-las enquanto abraço o meu filho. Sentir-me merecedora da vida que tenho hoje era mais fácil, pois me colocava na posição de credora do mundo e distante da minha responsabilidade enquanto pessoa incrivelmente privilegiada.

Olhar para meus próprios privilégios me fez enxergar a sorte por ter nascido na maior cidade da América Latina com uma inteligência valorizada socialmente e que me ajudou a sempre me destacar nos ambientes escolares e, depois, profissionais. Ganhei na loteria por não estar na estatística da maioria das crianças que conviveram com dependentes químicos e abusadores e acabaram por reproduzir os comportamentos de seus pais, seja como dependente, seja como codependente, relacionando-se também com parceiros abusadores; por ter sobrevivido a uma depressão profunda e a uma tentativa quase bem-sucedida de tirar minha própria vida e também por ter tido uma madrinha-anjo, que me propiciou o tratamento que iniciaria o processo de cura de todas as minha grandes feridas e ao qual eu jamais teria acesso se ela não pagasse para mim (e para mais um monte de gente, porque ela é dessas...).

Não foi nada além do acaso (e da maluquice dos meus pais, que foram morar na Itália com uma mão na frente e a outra atrás) que me deu acesso não apenas a uma educação básica de primeira, mas também a uma profissão quando voltamos ao Brasil e que também me permitiu pagar a faculdade.

Ganhei na loteria por ter uma mãe que dentro de suas limitações se esforçou muito, a custo inclusive da sua própria saúde, para nos dar tudo o que estava ao seu alcance; e quando fui contratada como estagiária na empresa que mudou a minha vida, mesmo tendo ficado em segundo lugar no processo seletivo, porque a menina que ficou com a vaga não se adaptou. Depois, mais uma vez, porque teve alguém que acreditou em mim e na minha capacidade e brigou (e muito) para que eu fosse efetivada lá e as portas do mercado se abrissem para mim.

Com o tempo conclui que a meritocracia nos serve como tábua de salvação. É a história que nos contamos para justificar para nós mesmos as injustiças deste mundo.

Eduardo Galeano disse que "a primeira condição para modificar a realidade consiste em conhecê-la". E, de fato, reconhecer o privilégio, aceitar a sorte, agradecer a oportunidade de ganhar tantas vezes na loteria e assumir as nossas responsabilidades no processo é essencial para ir em direção ao que eu considero ser o verdadeiro protagonismo.

Vamos a ele então.

Protagonismo é sobre fazer escolhas dentro das circunstâncias que nos são apresentadas. É sobre responsabilidade e resposta e é inversamente proporcional à culpa. Culpa não constrói, protagonismo sim!

Eu gosto muito de uma parábola que me emociona profundamente toda vez que penso nela.

Se colocarmos em uma panela com água cenouras, em outra ovos e, na última, pó de café e deixarmos ferver o que acontece com cada um deles? A cenoura entra forte, firme e inflexível, mas, depois de ter sido submetida à água fervendo, ela amolece e se torna frágil. Os ovos eram frágeis. Sua casca fina protege o líquido interior, mas, depois de serem colocados na água fervendo, seu interior se torna rígido. O pó de café é o único que não apenas se transforma em algo totalmente diferente, como transforma a própria água.

Isso é resiliência. Isso é protagonismo!

Quem somos nós quando a adversidade bate à nossa porta?

Somos a cenoura que parece forte, mas com a dor e a adversidade murcha, torna-se frágil e perde sua força?

Ou será que somos o ovo, que começa com um coração maleável, mas se torna mais duro? Sua casca parece a mesma, mas ele está endurecido, com o coração e o espírito inflexíveis.

Eu quero sempre ser pó de café, transmutando a mim mesma e usando a adversidade para criar algo novo, perfumado, saboroso e acolhedor!

Quando você se concentra exclusivamente naquilo que não pode controlar ou sobre o que não tem a menor influência, terá menos tempo e energia (que, lembrem, também são recursos finitos) para aplicar em coisas sobre as quais você de fato possui influência. De outro lado, quando você se concentra naquilo sobre o que tem influência, ela expande o conhecimento e a experiência, construindo confiabilidade.

A liberdade não está em escolher a situação na qual nos encontramos no momento em que nos encontramos, e sim na resposta que daremos a essa situação. Mais: ser livre não significa não sofrer as consequências de nossas escolhas. Liberdade é dar-se a capacidade de escolher a resposta a uma situação em função dos nossos valores. Podemos evitar fazer escolhas não fazendo nada, mas mesmo isto é uma decisão.

E tudo isso é incompatível com culpa: culpa não constrói nada! Pena também não! As mãos que se estenderam para mim não eram de culpa e nem de pena. Eram de solidariedade e responsabilidade, e é isso que eu acredito que o privilégio deve trazer.

Libertar-se da culpa não é sinônimo de justificar e, muito menos, de negar fatos, mas também não significa que eu não possa sofrer, ficar triste com as consequências das minhas ações, mesmo que eu assuma a responsabilidade por elas.

No exemplo que abriu este capítulo, poderia ficar frustrada caso Cacá desmamasse, mas se a decisão foi protagonista ela teria que vir acompanhada da consciência de que foi uma escolha minha e que, pesadas as consequências, foi a melhor decisão que eu poderia tomar naquele contexto. O desmame poderia me trazer tristeza, mas não culpa.

Desenvolver protagonismo, além de libertar da culpa, também reduzirá absurdamente o nível de julgamento com escolhas diferentes de outras pessoas (especialmente neste mundo materno) ao compreender que muitas são as escolhas possíveis. Se protagonismo traz responsabilidade, o julgamento e a culpa trazem autoengano. Quando eu digo "que horror dar chupeta", vou me sentir péssima se em algum momento eu resolver dar. E aí vou fazer o quê? Encontrar desculpas e justificativas para dar a chupeta. Este é apenas um exemplo, mas isso vale para qualquer coisa. Quanto mais julgamos a outra, mais somos duras conosco, pois nos impomos uma régua inatingível que só traz frustração, sentimento de sermos uma fraude, insegurança e — *tcharan*: o sentimento de que estamos sendo julgadas! É um círculo vicioso.

Para ajudá-la a desenvolver seu protagonismo (na maternidade e na vida), sempre que a culpa bater, siga estes passos e pergunte-se:

1) De onde vem a culpa que estou sentindo?

2) Há algo na decisão tomada ou por tomar que esteja dentro da minha esfera de influência e que eu poderia fazer diferente?

3) Se há, como posso reavaliar a situação para sair do modelo de exigência ("tenho que") para o de preferência ("eu escolho")?

4) Se não há, que ferramentas tenho para acolher e trabalhar a frustração e, principalmente, começar a agir desde já para modificar esta situação tão logo possível?

É essencial trabalharmos muito bem essa questão do rótulo, do "tenho que" da construção social determinista e opressora, do "é assim" e dos pacotes fechados de maternidade, para desenvolvermos nosso protagonismo e um maternar mais leve e coletivo.

Minha experiência com muitas mulheres e mães e minha própria maternidade só me reafirma que as pessoas são muito mais complexas do que esses pacotes que tentam nos vender. Muitas mães adeptas do pacote parto humanizado, amamentação em livre demanda, criação com apego, fralda de pano, sling, introdução alimentar pelo método BLW por dentro têm na verdade insegurança pura! Precisam de validação o tempo inteiro e toda a pose esconde uma fragilidade e um desejo imenso de serem amadas. De outro lado, já vi adeptas do pacote cesariana agendada, fórmula, chupeta etc. tão bem resolvidas e serenas que seu maternar é leve e seus filhos exalam essa tranquilidade. Na maioria das vezes, ninguém consegue aderir a um pacote por inteiro, e mulheres de ambos os lados estão mesmo é passando seus dias e suas vidas (já corridas e difíceis por natureza) se justificando e buscando validação para suas ações. E é aí que mora o perigo!

Quando falei no capítulo sobre amamentação sobre o quanto a indústria é perversa e o quanto a amamentação está longe de ser incentivada de forma verdadeira no nosso país, eu não estava me referindo às mulheres que escolhem não amamentar, mas é importante destacar que, na maioria dos casos, ocorre uma ausência total de protagonismo por parte desta mulher. Apesar de ter zero problemas com mães que dão chupeta, eu tenho muito problema com a pessoa receber uma informação, ignorá-la e depois querer validação da escolha dela quando o óbvio acontece: a criança desmama precocemente.

Então, se uma amiga me chamar porque quer ajuda com a amamentação e ouviu que chupeta na maioria das vezes causa confusão de bicos, mesmo assim optar por dar e seu bebê estiver desmamando, ela vai poder contar comigo para tentar reverter, acolher sua escolha de desmame, mas não para eu ficar validando sua ausência ao dizer: "É assim mesmo, relaxa, faz parte!" A verdade é que não quero que ninguém valide minhas escolhas e não vou ficar validando as dos outros também! Mulher nenhuma precisa ou deveria ter que ficar se justificando!

Não quer usar fralda de pano? Não usa! Mas não precisa achar razões para menosprezar ou dizer que na verdade descartável é melhor que a de pano. E isso vale para tudo — sling, BLW, o que for! Precisamos repensar essa mania de precisar diminuir a escolha do outro para aceitarmos a nossa própria e também de hipervalorizar as nossas "vitórias" e diminuir os "fracassos".

Fiz cesariana e jamais irei defendê-la como melhor via de nascimento. Defendo o parto natural e luto toda a vida contra um sistema cesarista, mas jamais vou julgar uma mãe que opta, munida de informação e liberdade de escolha, por uma cesariana, porque eu não estou na pele dela e nem na vida dela para saber o que se passa.

Isso quer dizer que eu não julgo? Não. Julgar faz parte da lupa com que vemos o mundo e sempre iremos julgar de alguma forma. Mas isso, para mim, quer dizer que eu acolho as escolhas mesmo que não as compreenda, justamente porque sei que elas partem de uma outra visão de mundo.

Então, para mim, o fundamental em qualquer área da vida é poder sempre fazer escolhas conscientes e ter sabedoria e serenidade para bancar as consequências boas e ruins dessas escolhas. Decisões protagonistas trazem sempre aprendizado! Sempre! E, principalmente, libertam da culpa, porque a gente para de querer validação. Não precisamos mais que todo mundo venha dizer: "É isso mesmo! Você está certa!" Basta a nossa própria consciência e autoconhecimento para guiar e nortear nossas escolhas, e o outro passa a ser fonte apenas de troca, aprendizado, suporte, apoio, mas não de julgamento.

Além disso, e esta parte é ainda mais essencial no contexto materno, passamos a lidar muito melhor com as rasteiras da vida e as condições adversas construídas ao redor da maternidade e tão amplamente expostas nos capítulos anteriores.

As perguntas que você pode e deve se fazer são: você tem tomado decisões protagonistas no seu maternar? Você tem julgado a forma de ser mãe de outras mulheres baseada no seu modelo mental e visão de mundo? Se você se sente culpada na maior parte do tempo, pergunte-se: como você lida com as suas frustrações? Como você acolhe a decepção e a tristeza causadas por você mesma? E mais: você devolve a responsabilidade do outro pelo que não é seu?

Recentemente, tive uma frustração tão grande que cai no choro e só consegui me acalmar depois de muito tempo, chá, água e soluços. Algo que consumiu imensamente minha energia, dedicação e comprometimento nos últimos meses escorreu pelos meus dedos ao perceber que eu cometi um erro tolo, um lapso mental que me fez confundir datas, irreversível. Não havia culpados. Apenas uma responsável: eu mesma. Não havia quem solucionasse ou amenizasse a dor. Só eu mesma, de novo. Restou-me o choro, acolher o luto e a frustração e não fugir dela. Enfiar a cara no travesseiro e chorar tudo o que eu precisava, até ficar com o olho inchado.

Permitir-me ser falha, atrapalhar-me, confundir-me é parte essencial do meu processo de desenvolvimento porque meu maior desafio é a rigidez que tenho comigo. Minha inflexibilidade que me serve para tanta coisa é também razão desse sentimento de estar sempre devendo. O que eu mais falava enquanto soluçava era: "Isso nunca aconteceu comigo! Não sei o que houve com a minha cabeça! Eu nunca fiz isso!" E foi aí que eu ouvi uma voz me dizendo que tudo bem sofrer e ficar triste pela chance perdida, mas que não preciso me apedrejar por isso e nem me justificar por ser falha e passível de erros (mesmo os bobos). Na verdade, sentir-me alheia a falhas era bastante presunçoso, não? Chorei por cerca de duas horas.

Afoguei as lágrimas e o desespero, e só de pensar a respeito ainda embarga minha garganta, mas eu estou mais serena sabendo que de tudo isso posso tirar aprendizado, acolhimento comigo mesma e autocompaixão. Porque não existe empatia com a outra se não houver compaixão conosco.

Lembre-se disso a próxima vez que você errar terrivelmente e precisar ouvir palavras de consolo:

1) As melhores palavras têm que vir de você mesma;

2) Perdoar-se é muito mais difícil que perdoar outra pessoa;

3) Protagonismo não significa não se permitir o luto da frustração e a tristeza, mas assumir responsabilidade e extrair aprendizado.

Ao mesmo tempo, para que o meu protagonismo e o meu despertar individual surtam efetivamente algum efeito, é essencial compreender as estruturas de que tenho falado aqui e a maternidade enquanto imposição e papel social.

Não haverá o fim do machismo e do preconceito com mães (no mercado de trabalho e fora dele), igualdade de salários, de liderança, política ou respeito ao corpo da mulher enquanto não reconhecermos que estamos diante de um problema único e estrutural: a desumanização da mulher.

Coletivamente e politicamente não há lados positivos em ser mãe nessa sociedade excludente e que odeia crianças. Individualmente eu vivo uma maternidade incrível e maravilhosa. Meu filho é um ser abençoado e de muita luz e nossa relação é uma delícia, mas esse espaço não é pra falar disso. Esse espaço, como minha missão, é falar do que ninguém mais quer falar, do coletivo, do estrutural, do sistema. É colocar o elefante na sala.

Se é protagonismo que queremos — empoderamento, que seja —, não dá para ficar apenas na superfície tratando "da importância de se vestir bem para a autoestima", "do batom empoderador" e achar que tudo é uma questão de força de vontade, tanto quanto não dá para desistir de tomar as rédeas e o controle de nossa existência. Falar de violência sistêmica e do quanto a maternidade, enquanto papel social é pesada, solitária e opressora não é frescura; é necessário reconhecer um problema, **agir** sobre ele e ser **protagonista** de uma mudança profunda e que não beneficie só a mim!

Parafraseando Cora Coralina, em sua sabedoria: Recomeça, recria e **transforma**!

CAPÍTULO 5

Quem paga essa conta?

A volta ao mercado: A expectativa encontra uma dura realidade

Sheryl Sandberg[46] disse em seu famoso TED que, para muitos homens, o pressuposto fundamental é que podem ter uma vida profissional de sucesso e uma vida pessoal completa, enquanto para boa parte das mulheres o pressuposto é que tentar fazer as duas coisas é, "na melhor das hipóteses, difícil ou, na pior das hipóteses, impossível".

Muitas não se dão conta, mas a mera capacidade de poder engravidar — sem necessariamente querer/conseguir fazê-lo — já é, por si só, uma das principais amarras quando se trata de reforçar a desigualdade de gênero no mercado de trabalho. Uma pesquisa publicada pelo *The New York Times*, em 2015, mostrava que "quando ingressam no mercado de trabalho, homens e mulheres têm remuneração muito parecida. Mas nas décadas seguintes a diferença salarial entre os gêneros cresce de maneira significativa".[47] Ainda de acordo

---

46 Sheryl Sandberg é autora de *Faça acontecer: mulheres, trabalho e a vontade de liderar* e chefe operacional do Facebook desde 2008. Em junho de 2012, também foi eleita pelos membros para o conselho de administração da empresa, tornando-se a primeira mulher a ocupar tal posição na companhia. Antes de entrar para o Facebook, Sandberg foi vice-presidente de Vendas Globais e Operações Online do Google. Também foi chefe de pessoal no Departamento do Tesouro norte-americano. Em 2012, foi eleita uma das cem pessoas mais influentes do mundo pela revista *Time* e, posteriormente, a 10ª mulher mais poderosa do mundo pela *Forbes*. Fonte: Wikipedia.

47 Ver https://economia.estadao.com.br/noticias/geral,maternidade-e-principal-causa-de-diferenca-salarial-entre-homens-e-mulheres-diz-pesquisa,70001786691. Acesso em: 20 mar 2019.

com o estudo, "a diferença salarial passa a ser mais acentuada entre o final dos 20 anos de idade e o começo dos 30, quando uma grande parte das mulheres tem filhos. Segundo os dados, mulheres solteiras e sem filhos conseguem manter a paridade salarial".

Outro estudo, dessa vez de Stanford,[48] oferecia aos participantes dois currículos idênticos de candidatas a um posto de consultoria de gestão, exceto pelo fato de que em um deles a suposta candidata mencionava fazer parte de uma associação de pais e professores. Resultado: a mulher com filhos tinha chance de contratação 79% menor e ofertas salariais US$11 mil mais baixas.

Eu ainda não era mãe e estava dando meus primeiros passos nos estudos feministas quando me deparei pela primeira vez com o dilema de Sheryl Sandberg e Marissa Mayer (executivas incrivelmente bem-sucedidas que também querem ser mães) *versus* Anne-Marie Slaughter,[49] (que era superpoderosa e largou tudo para ficar com os filhos, pois "não dá para ter tudo"). Contudo, logo que engravidei e anunciei que meu plano era o de voltar rapidamente ao trabalho, percebi como esse dilema está cada vez mais presente entre mulheres mães. É muito comum ainda vermos em fóruns maternos mães julgando umas às outras por suas escolhas com frases como: "Carreira é menos importante do que os filhos", "De que adianta ter dinheiro e não ver seus filhos crescerem" ou ainda, no time das que optaram por ficar em casa: "Prefiro ter uma vida simples, mas não correr o risco de traumatizar meus filhos", em resposta às críticas das que acusam quem abdicam da carreira de "não terem sonhos próprios" ou individualidade e assim por diante.

Para mim há pontos importantes que levam a boas reflexões em ambos os "times" e eles não deveriam ser opostos. Sheryl Sandberg acerta quando diz que devemos procurar parceiros capazes de apoiar nossas carreiras, dividir as tarefas caseiras e nos motivar a manter nossas ambições, assim como acredito que acerta quando alivia a culpa das mães que pedem ou pagam ajuda. Mas também acerta

---

48 Ver https://www1.folha.uol.com.br/fsp/mercado/55906-o-castigo-maternidade.shtml#_=_. Acesso em: 20. Mar 2019.

49 Ver: https://www.theatlantic.com/magazine/archive/2012/07/why-women-still-cant-have-it-all/309020/. Acesso: 20 mar 2019.

Anne-Marie ao ressaltar que o que precisa realmente mudar é a cultura das empresas e da sociedade como um todo: a ideia de que presença e jornadas longas de trabalho, e não a eficiência, resultam automaticamente em competência no trabalho já está mais do que provada não ser verdade.

E mais: todas ignoram a realidade da esmagadora maioria de mulheres ao redor do mundo, que é a de abandono, isolamento e verdadeiramente poucas escolhas em um mercado machista e excludente.

Considerando que, no Brasil, 50% das mulheres saem do emprego (a maioria demitida sem justa causa) após 24 meses da saída para a licença-maternidade,[50] podemos afirmar com tranquilidade que as mulheres brasileiras não estão pensando em ter tudo. Elas estão preocupadas em perder tudo: o emprego, a estabilidade financeira e emocional e sua própria individualidade e subjetividade.

Independente da justificativa oficial para o desligamento, o achado do estudo é um sinal de alerta: sozinha, a licença-maternidade não é capaz de garantir a estabilidade profissional das mulheres, especialmente àquelas com escolaridade mais baixa, que foram as mais afetadas nesse sentido. "Uma das explicações para isso é a de que voltar para o trabalho implica delegar os cuidados com o filho para uma terceira parte, o que é difícil para mulheres com salário mais baixo", explica uma das pesquisadoras.

Eu me lembro da primeira vez que me perguntaram sobre filhos em uma entrevista de emprego e eu senti o peso dessa pergunta. A entrevista foi ótima, e eu havia sido indicada pela própria diretora da área para participar do processo, mas pela primeira vez em toda a minha carreira saí da entrevista com um gosto amargo. Não passei da primeira fase e fiquei com a nítida impressão de que teve tudo a ver com ter sido franca sobre os planos de engravidar. Isso foi em 2014 (detalhe: eu só me tornei mãe em 2016 e saí da empresa em que trabalhava muito antes, por outras razões absolutamente alheias à maternidade). Na ocasião, quase todo mundo com quem conversei achava ok não se contratar uma mulher que diga que quer engravidar em breve e também que o entrevistador a pergunte sobre isso (coisa que, a propósito, jamais fazem com homens).

---

50 Ver: https://portal.fgv.br/think-tank/mulheres-perdem-trabalho-apos-terem-filhos. Acesso: 20 mar 2019.

Vamos então refletir sobre algumas concepções equivocadas que fazem com que muitas empresas estejam perdendo talentos preciosos e com que tantas mulheres se vejam abrindo mão de suas carreiras, sonhos e independência financeira sem sequer poder questionar se aquela é de fato a melhor escolha para elas.

1. Mães são menos produtivas

Particularmente, sempre achei as mães extremamente focadas. A maioria delas voltava da licença-maternidade, enfiava a cara no computador e praticamente só saía para reuniões, almoçar e ir ao banheiro (e olhe lá).

Pois bem, parece que a minha impressão tem fundamento estatístico, já que um estudo[51] publicado pelo Federal Reserve Bank of St. Louis analisou cerca de 10 mil mulheres por um período de 30 anos e também comparou dados considerando a quantidade de filhos que cada uma delas tinha. Mães de pelo menos dois foram consideradas as mais produtivas.

2. Mães dão prejuízo, **pois faltam ao trabalho para cuidar de filhos doentes.**

Sim, crianças ficam doentes e, sim, elas precisam de cuidados. Agora, pasmem: estudos comprovam que o pai não morre quando leva o filho ao pediatra ou vai à reunião da escola sem a presença da mãe.

Já falamos muito sobre a importância de compartilhar o cuidado e a responsabilidade pelas crianças. Sob esse aspecto, eu realmente acredito que, como importante fator de mudança de comportamento e pelo próprio peso que têm na vida das pessoas, empregadores podem (e devem) não apenas incentivar como premiar, por exemplo, pais que se dediquem a dividir os cuidados na criação dos filhos. Campanhas que incentivem a participação paterna, a ida de pais ao pediatra ou apenas não ser o chefe que marca reunião às 19h assumindo que os filhos do seu funcionário "estão com a mãe". Já seria um avanço se as pessoas parassem de perguntar: "Mas e a mãe?" quando o pai diz que deve levar o filho ao pediatra.

---

51 Ver: https://s3.amazonaws.com/real.stlouisfed.org/wp/2014/2014-001.pdf. Acesso em: 20 mar.2019.

3 – O instinto materno fala mais alto quando se trata de escolher entre cuidar dos filhos ou manter a carreira

Já falei muito aqui sobre a falácia, ou no mínimo controvérsia, da naturalização do discurso que defende o instinto materno como algo meramente biológico e determinista e de como, na verdade, ele também é uma construção fruto da sociedade em que vivemos hoje. Mas para além da parte teórica, gostaria de destacar que, muito embora a maioria das mulheres com as quais convivo (e são muitas mesmo!) acredite ter largado suas carreiras para cuidar dos filhos por escolha própria, para uma parte relevante dos casos, as queixas estão muito mais relacionada à dupla ou tripla jornada, aos rígidos padrões e formatos de trabalho do que efetivamente ao desejo de não mais trabalhar fora de casa. Quase que a totalidade delas, quando perguntadas se gostariam de ter um emprego mais "leve", meio período, perto ou em casa, com mais suporte e flexibilidade, responde afirmativamente.

Mulheres dedicam 26 horas semanais às tarefas domésticas, enquanto os homens, apenas 10.[52] Ouvimos o tempo inteiro da sociedade que "os filhos e a família têm que vir em primeiro lugar" (na vida da mulher!) e que "ser mãe é padecer no paraíso" e fazer muitas renúncias, sendo a carreira apenas mais uma delas.

Enquanto isso… Procura-se: culpa paterna. Recompensa alta!

Aliás, toma aí uma notícia: homem atrapalha mais que filho! Ok, a maioria das mães já sabe disso, mas agora temos evidências: um estudo[53] (meu irmão sempre diz que em discussão comigo tem que levar estatística para começar a brincar!) publicado pela Harvard Business School feito com mais de 25.000 ex-alunos e ex-alunas mostra que ser casada (ou ter um marido) atrapalha mais a carreira de uma mulher do que ter filhos.

Então, como equilibrar essa balança ao menos no mercado de trabalho para que, enquanto lutamos por uma mudança sistêmica,

---

52 Ver https://oglobo.globo.com/sociedade/mulheres-dedicam-73-mais-tempo-do-que-homens-afazeres-domesticos-22462181. Acesso em: 20 mar. 2019.

53 Ver: http://www.hbs.edu/women50/images/women_survey_preview_130402.pdf. Acesso em: 20 mar. 2019.

possamos lidar com as nossas necessidades mais prementes e as de nossos filhos e filhas (seja de sobrevivência, de presença, de conexão com nós mesmas e nossos sonhos)?

Parece-me que substituir a licença-maternidade por uma licença familiar igual para homens e mulheres que tenham filhos seja um dos caminhos mais rápidos e eficientes. Sejam esses filhos biológicos ou adotivos, sejam de dois homens, duas mulheres ou um homem e uma mulher.

Muitos outros problemas surgem com esse tipo de proposição também: e os pais ausentes que se beneficiariam da licença sem, em contrapartida, compartilhar os cuidados com o bebe? E a amamentação? E o ônus para as empresas? E...?

E não resolveremos problema algum esperando que tenhamos uma solução para todos os problemas.

É fato que as empresas precisam de mais mulheres entre seus líderes e as famílias precisam de seus homens mais em casa. Os filhos precisam de pai ou de mãe. Principalmente, eles precisam de amor e atenção de toda a sociedade! Mulheres precisam de independência financeira e realização pessoal tanto quanto os homens. Nem toda mulher, nem todo homem, mas as regras do jogo precisam ser justas.

Infelizmente essa visão integral de olhar para a primeira infância tem sido cooptada por alguns movimentos para validar discursos de desigualdade que colocam sobre a mulher a responsabilidade pelos cuidados com o lar e os filhos, aumentando cada vez mais a desigualdade de gênero. Crianças não precisam de mãe — crianças precisam de cuidado! Crianças precisam de amor, brincar, colocar pé na grama e de uma boa soneca! Crianças precisam de leite materno (de preferência), que pode ser ordenhado pela mãe e oferecido por qualquer cuidador. Crianças precisam de acolhimento, e não exclusão de praticamente todos os espaços sociais. Crianças (e o mundo) precisam de mães independentes financeiramente que possam sair de relacionamentos abusivos e, principalmente, felizes e realizadas por poderem se dedicar àquilo que lhes faz bem e dá prazer, e isso pode sim ser também o trabalho delas.

A lei dá a mães e pais o direito de faltar uma vez por ano ao trabalho para acompanhar filhos menores de 6 anos ao médico.

Queria eu viver nesse mundo onde crianças de até 6 anos ficam doentes uma vez por ano e depois nunca mais. E adivinhem quem tem que faltar as outras 18 vezes no ano, sem atestado, para acompanhar o filho ao médico ou simplesmente porque não tem com quem deixar o filho doente?

Isso tudo para dizer que enquanto não mudarmos o olhar que naturaliza o comportamento feminino e maternal como algo instintivo, normatizando como todas as mulheres se sentem ou deveriam sentir, ao mesmo tempo em que isentamos homens de sua dose de responsabilidade, estaremos no mercado de trabalho, mas a visão do mundo (e a nossa) sobre nós não mudará.

Uma relação hierarquizada entre homens e mulheres, na qual ocupamos lugar de menor poder faz com que continuemos a ser vistas como:

- Não provedoras e dependentes.

- As responsáveis primárias ou preferenciais pelo trabalho doméstico.

- Emocionais e instáveis e, portanto, não assertivas.

- A mãe que vai sair correndo a cada problema do filho.

E isso nos leva a algumas armadilhas bastante comuns como, por exemplo, o aumento da licença-maternidade, sem pensar em uma licença parental ou paternidade equivalente, o que já citei acima, ou ações que focam a integração da diferença entre homens e mulheres e que acabam por reforçar as desigualdades, ao invés de diminuí-las. Um outro exemplo comum é o home office (trabalho remoto) e horários flexíveis exclusivamente para mulheres, especialmente mães. Este último, que é o tema da minha pesquisa no mestrado, é um excelente exemplo de como precisamos ter muito cuidado não apenas com o que, mas com o porquê, quando estamos falando de políticas públicas ou privadas que tenham como objetivo materializar lutas em direitos. Nenhuma conquista (partindo-se do pressuposto de que seja de fato uma) deve ser a qualquer custo. Argumentos ruins, tóxicos ou que reproduzem opressões podem não a pegar na entrada, mas pegam na saída.

Quando dizemos que o home office é um benefício para mães que precisam de mais flexibilidade na volta da licença-maternidade, estamos naturalizando o fato de que a responsabilidade primária do cuidado com os filhos é das mães e, consequentemente, diminuindo nossa competitividade no mercado de trabalho.

Um bom exemplo disso que estou falando foram os argumentos usados no julgamento do intervalo de 15 minutos concedido às mulheres antes das horas extras, no qual o ministro relator (José Antonio Dias Toffoli) entendeu, acertadamente, por manter o intervalo, porém sob o argumento de que a Constituição admitiu a possibilidade de tratamento diferenciado levando em conta a "histórica exclusão da mulher do mercado de trabalho"; a existência de "um componente orgânico, biológico, inclusive pela menor resistência física da mulher"; e um componente social, pelo fato de ser comum a chamada dupla jornada — o acúmulo de atividades pela mulher no lar e no trabalho — "que, de fato, é uma realidade e, portanto, deve ser levado em consideração". Esta linha de argumentação está errada, uma vez que reforça e naturaliza a desigualdade de gênero e ainda dá fundamento para, em outros casos, a condição física e social da mulher ser usada contra nós.

E isso tudo nos leva a olhar para os homens sem nos questionarmos com quem eles deixaram os filhos para vir trabalhar; achar estranho quando um homem sai para levar os filhos ao médico, reunião da escola ou outro compromisso relacionado à criança, ao mesmo tempo em que muitos dizem querer pais mais presentes, mas zombam e/ou desincentivam um menino que brinque de boneca ou de casinha

Estereotipar os comportamentos tanto masculinos quanto femininos fazendo com que quem não se encaixa nesse "padrão" se sinta deslocado, estranho, inadequado, além de afastar as mulheres mães do mercado de trabalho, desumaniza sujeitos e naturaliza violências.

Outra questão que vejo como bastante problemática, ainda que quase sempre venham disfarçadas de falas "motivacionais", são palestras, grupos ou comitês com lideranças femininas que focam "como elas conseguiram", colocando um fardo ainda maior em cima de mulheres, muitas vezes em contextos e com recursos totalmente diferentes das que "conseguiram".

A pergunta deveria, na verdade, ser: "Por que tão poucas conseguem?" ou "A que custo elas conseguem?" e mais: por que "conseguir" tem que envolver um padrão de sucesso pautado na renúncia do lazer, das relações de afeto e troca do tempo de qualidade para mim mesma?

Fim da licença e o mito do empreendedorismo materno

Uma boa parte das mulheres que atendo como *coach* são mães, muitas das quais estão empreendendo ou querendo empreender. Quase todas com a ideia de ter mais flexibilidade e passar mais tempo de qualidade com seus filhos. Minha percepção empírica é sustentada pelas estatísticas do empreendedorismo no Brasil, que aponta não apenas uma participação expressiva de mulheres, como uma forte presença do que se denomina de empreendedorismo materno ou negócios ligados ao tema.

A realidade é que as mulheres empreendedoras não param de crescer e o número de mulheres envolvidas em novos negócios alcançou 15,4%, enquanto o segmento masculino somou 12,6% (dados do Global Entrepreneurship Monitor),[54] o que parece ser motivo de celebração para muitas.

Quero, no entanto, convidar a olhar além da superfície, pois esse dado não pode e nem deve ser visto isoladamente de outro do qual já falei e que é muito relevante para nossa análise aqui: o de que quase metade das mulheres que se tornam mães saem do mercado de trabalho formal em até 24 meses após o retorno da licença-maternidade.

Ou seja, se há de fato um aumento do fenômeno do micro ou nanoempreendedorismo mundo afora, isto é ainda mais verdade para mulheres e mães que são praticamente expulsas do mercado. Muitas dessas mulheres inclusive acreditam que o fazem por escolha

---

[54] Ver: https://pme.estadao.com.br/noticias/pme,taxa-de-empreendedorismo-inicial-e-maior-entre-mulheres,70001931093,0.htm. Acesso em: 19 mar.2019.

própria, com o objetivo e ilusão de conciliar melhor o trabalho com as atividades de mãe e esposa. Não é à toa que outro dado interessante é o de que, dos negócios iniciados por mulheres, mais de 70% são relacionados ao universo materno.

A verdade é que, para além das capas da *Você S/A* e dos casos de sucesso que são um em um milhão, a flexibilização das relações do trabalho através do nanoempreendedorismo e do fenômeno que na academia chamamos de *uberização* da vida são algumas das ferramentas do neoliberalismo para atingir uma racionalidade de transferência de riscos, custos e trabalho, precarizando ainda mais a qualidade de vida das pessoas que trabalharão como loucas (ainda mais que em um emprego formal com registro em CLT, mas com a expectativa de um dia terem aquele sucesso da capa de revista). É mais ou menos a mesma lógica de financiar um imóvel gastando três vezes mais com a ilusão de que "pelo menos é meu" quando, na verdade, ele é do banco.

Sendo eu mesma uma mãe empreendedora, muitas delas chegam a mim perguntando: "Como você consegue conciliar tudo?" "Onde estou errando?" A frustração da expectativa de um empreender romantizado em cima de uma maternidade também romantizada é uma receita bombástica para sensação de fraude, incapacidade e decepção.

Eu queria muito ter as tais dez dicas que lhe assegurem sucesso, mais horas de sono e dinheiro no bolso. Acontece que empreender, aliás, como tudo em uma sociedade desigual, é muito mais um exercício de resiliência do que de qualquer outra coisa, então eu quero contar-lhe o que ninguém mais conta e que eu considero essencial em qualquer empreitada para uma mulher em busca da sua independência — ou de pagar os boletos mesmo.

Portanto, sem desespero: não precisa sentar e chorar, a não ser que seja para se recompor, pois, sim, há muitos maneiras de lidar com o empreendedorismo de forma protagonista e resiliente, e a primeira delas é conhecer os fatos como eles são e não se iludir com o que é vendido para nos imbecilizar, seja como consumidoras, seja como empreendedoras.

A primeira pergunta a se fazer para saber se você está no momento certo para empreender é: o que a leva a empreender? Caso a resposta seja (i) ganhar mais dinheiro a curto prazo ou (ii) ter mais tempo, avalie com muita cautela, pois as chances de qualquer uma das hipóteses acontecer logo de início é muito pequena.

Caso você tenha pressão financeira e dependa exclusivamente do seu salário para pagar os boletos, empreender também pode não ser a melhor saída, pois com as contas vencendo as pessoas acabam muitas vezes tomando decisões que não são as melhores para o negócio como, por exemplo, aceitar trabalhos que fujam muito do seu plano de negócios ou rejeitar outros que seriam interessantes a longo prazo, mas que não pagam tão bem. Se este for o seu caso, considere iniciar um negócio em paralelo ao seu emprego atual para que o financeiro continue equilibrado e o seu empreendimento tenha mais chances de sucesso.

Isso nos leva ao ponto 2: ter mais tempo! Se é verdade que, ao menos em tese, você terá mais flexibilidade na sua agenda sendo "sua própria chefe", é também verdade que por um bom tempo você terá que fazer sozinha a maioria das coisas que em uma empresa estabelecida é feita por funcionários ou fornecedores. Na prática, quando começamos a empreender (a não ser que seja apenas um hobby), trabalhamos muito mais do que quando somos empregadas de alguém (e olhe que falo isso como alguém que sempre foi *workaholic* e acostumada a trabalhar loucamente no ritmo de multinacionais).

Caso você não tenha essa pressão financeira e esteja disposta a trabalhar sem hora para terminar, já é um excelente começo!

Em todos os cenários, repensar e analisar com muito cuidado seus gastos, principalmente o custo fixo, será essencial.

"Mas fui demitida e não estou encontrando outro emprego, o que eu faço?"

Se esse é o seu caso e você tem uma ideia de negócio na cabeça, se joga! Mas se joga sabendo que você vai ter que trabalhar em dobro e possivelmente dar uma boa repensada nas contas, mudar prioridades e dar aquela enxugada no custo fixo. E é nesse momento em que desapegar dos mitos do empreendedorismo é ainda mais essencial.

São vários os mitos do empreendedorismo materno, mas vou focar o que considero mais comum e de maior fonte de frustração: home office com filhos.

Muitas mulheres (grávidas) me procuram com o desejo de empreender, crentes de que terão mais tempo com seus filhos trabalhando de casa sem gastar com babá ou escola. Imaginam que farão isso enquanto as crianças placidamente brincam de Lego, em silêncio.

Por outro lado, quem já tem filhos costuma cair no conto de que basta trabalhar quando eles dormirem. É muito desgastante fazer qualquer coisa após um dia cheio de gritos (onde tem mais de um, pode rolar luta livre também), choros desconsolados, casa bagunçada e seu nome sendo chamado a cada três segundos. Isso sem falar em dias de criança doente que costumam também envolver o combo: mãe + criança doente. A mulher chega ao final do dia exausta e ainda tem que produzir e ser criativa e atender bem a seus clientes. Então bate a culpa, a sensação de incompetência, a frustração, a raiva e a impressão de estar fazendo tudo errado, o que a faz ficar ainda mais nervosa durante o dia com as crianças, que costumam devolver com mais bagunça e estresse.

Esse ciclo de autossabotagem é a razão do fracasso de muitos empreendimentos maternos e da frustração das que retornam ao mercado ou de quem conclui que é melhor trabalhar em casa mesmo (não usarei o termo "mãe em tempo integral", que considero desprezível) sentindo-se fracassadas, incompetentes e improdutivas.

"Se fulana consegue, por que eu não consigo?", elas me perguntam.

Veja, embora de fato esta seja a realidade de algumas, acredite: elas são minorias e normalmente costumam omitir privilégios que fazem toda a diferença nessa gestão. Não quero de maneira alguma menosprezar o esforço de quem gerencia um negócio trabalhando em casa e cuidando de filhos sem ajuda externa, mas precisamos olhar para as questões estruturais envolvidas para não cairmos na falácia da meritocracia e acharmos que todas que não conseguem equilibrar esses pratos são fracassadas, incompetentes ou não se esforçaram o suficiente.

Vou dar aqui cinco dicas para você considerar antes de se jogar no *home office* com bebês e crianças e fazer escolhas protagonistas que lhe permitam sentir-se tranquila com suas escolhas e limitações.

Dica 1: Entender que o problema não está em você, e sim em um sistema que não valoriza o trabalho reprodutivo e doméstico, que o invisibiliza e que desconsidera todas as demais necessidades dos seres humanos (a começar pelas das crianças) que não estejam relacionadas ao consumo ou à produção (para consumo!). Um sistema de produtividade machista, racista em que quem sai lá na frente (seja com dinheiro para investir, contratar funcionários, contratar babá, escola, ter uma boa rede de apoio etc.) chega ainda mais longe, e a tarefa de romper as barreiras do sistema é para poucas e resilientes mulheres, que depois serão usadas por este mesmo sistema como prova de que sempre foi possível, era só "você se esforçar um pouco mais". Os sacrifícios e o preço pago são exibidos como troféus individuais e massageiam o ego enquanto acabam por reproduzir um discurso que é, no fundo, nosso algoz.

É absolutamente normal e natural que você esteja exausta e que seja difícil render depois de um dia de trabalho intenso (ainda mais quando este não é reconhecido socialmente como tal). É totalmente compreensível que você não esteja no primor da sua criatividade e brilhantismo quando está em privação de sono e exausta, e não há nada de bonito ou glamouroso nos orgulharmos de termos que vencer tantas barreiras e fazer tanto sacrifício para sermos tachadas de "supermulheres". Não somos e não deveríamos ter que ser!

Então, minha querida, está tudo bem você achar difícil e cansativo demais trabalhar 12 horas por dia cuidando de casa e filhos e depois mais muitas horas no seu projeto/negócio. Porque é mesmo! Está tudo bem você querer um alívio, porque é injusto e cruel mesmo, e isso só vai mudar quando mudarmos a lógica do sistema como um todo: da divisão sexual do trabalho, da produção, do consumo; a compreensão com mães (e pais) que por vezes não cumprirão os prazos porque seus filhos ficaram doentes ou que levarão as crianças em uma reunião com o fornecedor; e entender e aceitar que, sim, as crianças fazem barulho e um pouco de bagunça mesmo.

Compreender a estrutura é o que vai nos permitir agir sobre ela: 1) tomando consciência dos nossos privilégios; 2) não reproduzindo discursos que servem apenas para oprimir outras mulheres; 3) contribuindo, na medida dos nossos privilégios, com a mudança do sistema; 4) abrindo portas e facilitando o caminho para outras mulheres quando estamos mais à frente na caminhada; e 5) agindo concretamente dentro da realidade, e não da ilusão vendida, para romper barreiras e abrir caminhos para nós e para as que vierem depois de nós!

Dica 2: Saber que o home office nem sempre é solução e pode ser, inclusive, uma grande armadilha para a manutenção da divisão sexual do trabalho. A prática do home office precisa ser analisada e pensada com um pouco mais de cautela e para além das aparências, já que parte de uma premissa que eu particularmente considero falsa (a premissa, não a prática em si, que ainda estou estudando): que a flexibilização e a modernização das relações de trabalho aumentariam o emprego e a produtividade. E por que considero essa premissa falsa? Porque acredito que todo esse movimento (inclusive regulatório) em direção ao home office pode acabar mascarando a transformação do trabalhador no único responsável por garantir e gerenciar sua sobrevivência em um mundo que lhe retira cada vez mais a já frágil rede de proteção social existente. E isso é cinco vezes mais verdadeiro para mulheres mães negras ou pobres. Como já falei anteriormente, um estudo publicado em 2018 pela FGV aponta que 50% das mulheres saem do mercado após um ano do início da licença-maternidade, o que parece indicar que esta por si só não assegura estabilidade profissional, especialmente para as mulheres de baixa renda. Voltar ao trabalho implica compartilhar ou delegar cuidados, e o home office, que à primeira vista poderia surgir como solução, pode acabar reforçando distorções se for uma prática de mães e não de pais, e só oferecido a elas. O verdadeiro avanço precisa diminuir desigualdades e também fazê-lo por meio da análise das transformações, sem reforçar o determinismo biológico, mas identificando e desafiando os elementos dogmáticos discriminatórios.

Resumindo, avalie se o home office se apresenta como uma solução de produtividade e qualidade de vida ou como mais uma forma de reforçar a sua sobrecarga e manter a responsabilidades pelas tarefas domésticas e o cuidado com pessoas exclusivamente ou majoritariamente com você!

Dica 3: Ele e sempre ele — o autoconhecimento! O que funciona melhor para você? Em que horários você é mais produtiva? Do que você precisa no seu ambiente físico para render mais?

Eu sei que todo mundo prefere dar (e receber) fórmulas prontas e segredinhos que servem para todo mundo, mas eu acredito piamente, e por isso compartilho sempre com vocês, que só o autoconhecimento salva. O caminho em direção à nossa realização e ao protagonismo é conhecer os nossos valores motivadores e necessidades, para entregarmos ao mundo o que temos de melhor em toda a sua plenitude e potencialidade.

Somos diferentes, temos necessidades únicas e peculiares, mas o mundo quer nos colocar todas em caixinhas e dizer que devemos trabalhar das 9h às 18h, almoçar em uma hora, dormir durante oito (risos!), fazer exercícios (de preferência, pela manhã) e aplicar os 5S.

Eu, por exemplo, rendo mais a partir das 11h, preciso de dez horas de sono, mas se tenho seis já estou dando pulos de alegria. Sempre gostei de trabalhar em casa e consigo trabalhar no sofá, no escritório e na cama com a mesma facilidade. Mas isso é o que funciona para mim e pode não funcionar para você.

"Mas, Tayná, então tudo bem a minha vida estar uma bagunça e eu trabalhar em uma bagunça organizada e não estar fazendo exercício físico?"

Sim e não! Na verdade, as perguntas deveriam ser: isso está lhe fazendo bem? Você está se sentindo satisfeita e realizada? Você tem atingido os objetivos que se propõe e realizando coisas que a preenchem? Como anda a autoestima?

Se estiver tudo bem, mantenha!

Agora, se não, a inexistência de fórmulas e de receitas do sucesso não é desculpa para você se acomodar na frustração e não sair do lugar de sofrimento! Autoconhecimento dá um trabalho absurdo e dói muito quando não há resposta pronta e o trabalho deve ser feito por nós mesmas, mas ele também traz consigo amor-próprio, autoestima e conexão com a nossa vulnerabilidade.

Não acredito em fórmulas prontas como receita de bolo e muito menos em uma vida sem dor e frustrações, pois esta provavelmente seria também esvaziada de significado e aprendizado. Acredito fortemente que não podemos dar o que não temos ou aprendemos, nem obter de fora o que não desenvolvemos dentro.

E você? No que você acredita para ser feliz? Onde está sua felicidade e realização? O que será que você está esperando do "mundo de fora" e pode ser que esteja no mundo de dentro? A resposta para fazer o seu *home office* (e o próprio empreender) está aí, e só você pode encontrá-la!

Dica 4: Protagonismo — estabelecer prioridades e escolher sem culpa! Quando falo de questões estruturais e que não existe fórmula pronta, não é para dar desculpas ou não assumir nossa responsabilidade pelas nossas frustrações. Como vimos, a vitimização e o autoengano são a receita da frustração, da baixa autoestima e do fracasso, mas você pode ser protagonista e se sentir realizada empreendendo ao exercitar sua habilidade de definir prioridades e fazer escolhas coerentes com elas. Vamos repensar nossas escolhas, possibilidades e nos libertarmos da culpa para compartilharmos responsabilidades de forma ativa e proativa?

a) Questione e avalie seus privilégios e pergunte-se: você tem rede de apoio? Como pode usá-la melhor? Quais são suas possibilidades financeiras? O que você quer? O que é mais importante: a escola do seu filho ter uma boa alimentação ou que ele não tenha acesso a eletrônicos? Que a sogra não interfira na educação ou poder deixá-lo em casa, sob os cuidados dela, sem que precise ir à escola? Você quer ganhar mais ou quer trabalhar com o que gosta? Dá para fazer os dois? Você está compartilhando tarefas sempre que possível? Faça essas perguntas a si mesma e avalie com franqueza se você não está buscando justificativas ao invés de assumir e bancar suas escolhas (ainda que dentro de um rol reduzido de possibilidades).

b) Se conhecer técnicas e ferramentas de gestão do tempo é bom para todo mundo, para mães empreendedoras é fundamental! Existem centenas de recursos práticos que ajudam nesse sentido, inclusive disponíveis online e gratuitamente com dicas muito simples, mas que fazem toda a diferença (eu mesma, no Instagram e no meu canal no YouTube, tenho alguns vídeos sobre isso). Fazer uma boa gestão do tempo vai ajudá-la a ter a melhor logística para trabalhar em casa: poucas horas focada e sem crianças por perto será mais produtivo do que passar o dia tentando com eles em junto; investir em uma escola ou mesmo cuidadora, se houver essa possibilidade, pode ser uma saída interessante e ajuda a dar um gás no trabalho.

c) Tire o foco do que não depende de você! O que não tem solução, solucionado está, certo? Então, em vez de se preocupar com o que foge do seu controle, gaste sua energia perguntando-se o que você pode e quer fazer dentro daquela situação.

Como já vimos no capítulo anterior, protagonismo não é conquistar o impossível! Protagonismo é assumir responsabilidade pelas nossas ações e devolver aos outros a responsabilidade que lhes cabe.

Dica 5: Autocuidado. "Cuidar de mim mesma não é autoindulgência, é autopreservação, e isso é um ato político." (Audre Lorde). Essa frase de uma das feministas que eu mais admiro guia muito da minha existência enquanto mulher, feminista, mãe e militante.

Para esta dica, vamos relembrar o que falamos lá atrás quando abordamos o protagonismo: permitir-se falhar faz parte do processo de entrar em contato com a nossa própria vulnerabilidade para nos tornarmos protagonistas das nossas próprias vidas.

Não existe empatia se não houver compaixão com você mesma.

Cuide de você! Lembre-se da máscara de oxigênio: se você não estiver bem não poderá ajudar mais ninguém. Descuidar de você, de seu corpo, da sua mente, do emocional ou espírito não é troféu de nada, e sim uma forma gigante de autossabotagem e vitimização. Ou seja: a receita infalível para a frustração.

Reconhecer que você precisa de tempo longe de seus filhos, que você precisa descansar ou apenas gozar de silêncio para pensar (e trabalhar também) não faz de você uma mãe pior, muito pelo contrário, cuidar de você não a torna uma pessoa egoísta, faz de você alguém inteligente e estratégica!

Eu não vou ficar dizendo como cada uma deve cuidar de si. Se é um bom café da manhã, um exercício, uma leitura ou simplesmente dormir, afinal de contas, não acredito em receita de bolo (só no bolo mesmo!), mas a próxima vez que você precisar de consolo por aquela tentativa de fazer um *home office* bem-sucedido e que falhou, lembre-se:

1) as melhores palavras têm que vir de você mesma;

2) cuidar de si é muito mais difícil que cuidar dos outros;

3) amor-próprio, autoestima e protagonismo são os únicos antídotos para a frustração.

Outro ponto que necessariamente precisa ser abordado para desmistificar o empreendedorismo, especialmente o empreendedorismo materno, é o tal do "perfil empreendedor". Geralmente as pessoas usam as características dos empreendedores de sucesso como régua para saber quem tem ou não perfil para isso. Então, antes de falar de perfil, eu quero falar de sucesso.

Você já parou para pensar quantas poderiam ser empreendedoras incríveis, mas não têm o privilégio de pagar para ver; ou quantos empreendedores medíocres, mas com recursos, estão aí pautando o que vem a ser sucesso só porque seus negócios são rentáveis?

Será mesmo que o empreendedor de sucesso é um homem branco entre 20 e 40 anos de classe média alta que usa polo, calça jeans e sapatênis?

Para mim, empreendedora de sucesso é a minha amiga Zizi, que tem 7 filhos, sangue nos olhos e mantém a solidariedade mesmo nos momentos de maior dificuldade. Ou a Ju, que trabalha incessantemente para seu negócio (um dos mais incríveis cuja evolução acompanhei) crescer mantendo seu jeitinho de atendimento doce e atencioso. Ou a Stephanie, que saiu de um emprego público e construiu um negócio incrível e de qualidade contra todas as barreiras que a sociedade impõe a uma mulher negra.

Como medir o sucesso então? Como descobrir se eu tenho perfil para isso e se estou no caminho certo?

Vou ter que chover no molhado: autoconhecimento e protagonismo!

Sucesso para mim é se dar um objetivo e atingi-lo ou aprender com o fracasso. Sucesso é sobreviver em um mundo desigual e opressor e ainda inspirar outras pessoas. Sucesso é pagar as contas sem ser desonesta ou injusta. Sucesso é ter paz!

Mas eu também já achei que sucesso era ter uma *corner office* com vista para *skyline* de NY e viajar de executiva sempre ocupada no celular. Eu já acreditei também que sucesso era poder. Principalmente o de ninguém me machucar ou me quebrar, e para isso precisaria ser eu a primeira da cadeia alimentar. Meu modelo de sucesso foi construído pela minha experiência, pela minha vivência e meus valores e até bem pouco tempo atrás ele era bastante limitado; mas isso é para mim, e pode não o ser para você!

Então, gostaria que você se perguntasse como foi construído o seu modelo mental de sucesso e que crenças esse modelo traz. Quanto desse modelo você deseja manter e incorporar em sua vida e quanto choca com a sua essência? Não há jeito de saber se você tem ou não perfil sem encarar o que você considera sucesso.

Quando pergunto para minhas clientes como seria a vida ideal delas, as respostas são variadas e interessantes, mas quando peço para descreverem "sucesso", dizem coisas como "bom emprego", patrimônio, viagens e coisas compráveis em geral.

Isso ocorre quando estamos desconectadas de nós mesmas e pautamos o sucesso no modelo de uma sociedade sustentada no consumismo e ostentação. A questão é que, enquanto estivermos limitadas a um modelo de sucesso que não é realmente nosso, ficaremos presas a um perfil idealizado de empreendedorismo achando que não nos encaixamos nunca.

Na minha visão de mundo não existe um único perfil adequado, e sim aquele mais alinhado ao modelo de negócio e sucesso que você tem. Você pode ser uma chef de cozinha e ter um restaurante internacional com filiais pelo mundo ou um restaurante por quilo no seu bairro, um serviço de buffet para eventos ou um bistrô que abre em dias específicos e tem pouquíssimas mesas. Em todos os casos você será uma empreendedora que pode ou não ter sucesso, dependendo daquilo a que você se propôs, das circunstâncias externas, do *timing*, do seu capital financeiro, humano e político e de muitos outros fatores, incluindo sorte (a meritocracia vai à loucura!).

Muitos lhe dirão que, em comum, todas têm que ter autoconfiança, determinação, blá-blá-blá etc. Eu não acredito nisso!

Eu acredito que o que as bem-sucedidas têm em comum é autoconhecimento para respeitar suas habilidades e seus limites, coragem de encarar suas fraquezas e aprender com os fracassos e, principalmente, conhecer em algum grau (ainda que intuitivo) o que as move. É claro, autoconfiança e tudo o mais ajuda com certeza, mas de novo não tem fórmula pronta ou receita para empreender que não passe pelo olhar para dentro de forma muito franca e honesta.

Para descobrir o que a move, do que você precisa e como isso pode ser sustentável (afinal de contas, ainda temos que pagar boletos!) você precisa descobrir seus valores motivadores e seus talentos para, então, exercitar seu protagonismo em direção aos seus objetivos.

Você também pode não querer nada disso e cozinhar como funcionária, ter seu salário e não empreender.

Autoconhecimento e protagonismo serão igualmente necessários!

O pessoal é político: transformando palavras em ação

Acredito que a esta altura já deve estar claro meu posicionamento quanto às nuances que permeiam a validade da escolha que comumente nos é apresentada entre maternidade e carreira, e como este é um problema estrutural e sistêmico que, portanto, não será resolvido apenas com a nossa força de vontade individual e histórias de superação (igualmente individuais).

Preciso, no entanto, tocar em um outro ponto que é extremamente relevante no que diz respeito à exclusão (autoimposta ou não) das mulheres do mercado de trabalho que é o quanto o mundo corporativo, ou seja, as empresas, e a sociedade como um todo, cooptaram o discurso do empoderamento, desprovido de análise estrutural, para reforçar estereótipos que são opressores para todas as mulheres, mas especialmente para mulheres mães.

O papel social maternidade nos coloca todas, mães ou não, em uma posição de desvantagem no mercado e nos expõe ainda mais a uma série de outras violências e situações de vulnerabilidade, e isso independe da nossa vontade individual, mérito ou força de vontade.

Começa na entrevista de emprego, na divisão das tarefas domésticas, muitas vezes, a partir da notícia (ou expectativa) de gestação, as oportunidades de novos projetos e crescimento de carreira vão desaparecendo. Já presenciei grávidas serem retiradas de projetos estratégicos arbitrariamente pois "não poderiam dar o seu melhor, dadas as circunstâncias". Assim, sem que fosse avaliado se o "bom" dela talvez não fosse ainda melhor que o "ótimo" do colega. Sem avaliar se ela queria ao menos tentar "dar o seu melhor" e que este pudesse sim ser suficiente. Simplesmente se considera que a mulher irá sempre priorizar os filhos e fim. Mudança de escopo no retorno ao trabalho, o que contribui para insegurança da profissional e impacta o desempenho e, frequentemente, esvaziamento de funções, para que a mulher se renda e acabe pedindo demissão. Já tratamos de tudo isso ao longo deste livro e você, mãe, que está lendo, se está no mercado de trabalho, sabe exatamente do que estou falando.

Nesse sentido, é importante que paremos de pontuar experiências individuais e de nos apropriarmos de conceitos e naturalizações tendo crenças como premissas, para que olhemos justamente o papel — o lugar social — das mulheres mães no todo, e não apenas cada uma individualmente.

Não acabaremos com nenhuma forma de violência contra a mulher sem olhar para a estrutura que sustenta todas as nossas. O que nos prejudica no mercado de trabalho é também o que controla a nossa sexualidade e nos coloca quase todas como objeto em casa ou na televisão. Corpos, não almas! Tetas, não seios! Bundas, não mentes! É o mesmo veneno: a desumanização das mulheres e a naturalização da violência de gênero (física ou simbólica). E a maternidade é a última fronteira desse grilhão, sendo a culpa o metal no qual ele é moldado.

Compreender que as minhas algemas nunca serão quebradas enquanto as amarras de outras mulheres existirem, que a maternidade e tudo que a permeia é um ato político, tem um impacto social direto é um passo essencial em direção a um ecossistema mais responsável e humano com mães e crianças.

Seja brigar pelo direito ao meu próprio corpo para abortar, para parir como eu bem entender e ser respeitada nas minhas escolhas; seja poder amamentar tranquilamente em público, ter acesso a creches, a um mercado inclusivo de verdade e não apenas em comerciais de dia das mães; seja simplesmente nos libertarmos da culpa compartilhando a responsabilidade social que é ter um filho: tudo está ligado ao olhar que temos sobre nosso papel, e só mudaremos isso quando olharmos para ele com franqueza e sem romantizações.

Não acabaremos com o peso da maternidade, não livraremos mulheres da culpa de se sentirem divididas, perdidas de si mesmas, equivocadas, insuficientes e incapazes enquanto naturalizarmos e romantizarmos esse papel que é social e não instintivo, mesmo quando achamos que estamos valorizando as características da mulher mãe.

Continuar defendendo práticas empresariais exclusivas para mulheres (home office, por exemplo), valorizando a naturalização de supostas "características femininas", dizer que mulheres líderes são mais emotivas e empáticas e homens são mais assertivos e frios ou defender que basta querer para conseguir conciliar carreira e maternidade, sem reconhecermos e sermos responsáveis pelos nossos privilégios nos manterá cada vez mais distantes da igualdade de direitos e, principalmente, da possibilidade de vivermos uma vida mais leve e mais plena em um mundo que impulsione o que temos de melhor a oferecer.

Ainda que esteja sendo dito para nos incluir em posições de liderança, continuar colocando-nos em caixinhas e reforçar estereótipos (que além de não serem verdadeiros, como diria Chimamanda Ngozi Adichie, são, no mínimo, incompletos) é uma justificativa perfeita para nos manter como principais cuidadoras — em geral, precarizadas e invisibilizadas porque o capitalismo anda de mãos dadas com todas as estruturas opressivas, inclusive as de gênero — e naturalizar todas as demais formas de violência. Não é diferente de dizer coisas como: meninos usam azul e meninas usam rosa.

Somos seres humanos complexos, únicos e temos sonhos diferentes. Ao mesmo tempo, fazemos parte de grupos sujeitos a posições e expectativas sociais distintas, e somente olhando para a conjuntura sistêmica dessas intersecções é que poderemos avançar no debate de forma genuinamente transformadora e de avanço social.

Meninas e meninos usam todas as cores, e líderes deveriam desenvolver habilidades e competências dentro da sua potencialidade plena e das necessidades do ambiente.

Aliás, que tal se, ao invés de pensarmos nas características femininas de liderança, optássemos por repensar o que se considera uma liderança (e um nível de entrega) saudável no ambiente de trabalho?

> "Essa visão superficial (...) levou a desentendimentos, ou melhor, ao entendimento de que empoderamento feminino (e também o materno) é a superação individual de certas opressões, mas sem romper de fato com as estruturas opressoras. Explico: julgar que

se empoderar é transcender individualmente certas barreiras, mas seguir reproduzindo lógicas de opressões com outros grupos, em vez de se pensar empoderamento como pensar conjuntos de estratégias necessariamente antirracista, antissexistas e anticapitalistas."[55]

Todos e todas temos que fazer a nossa parte nesse sentido!

Se a responsabilidade por esta criança é social, da mãe e também do pai e de toda a sociedade, precisamos, sim, de reforma trabalhista, mas não para reduzir direitos, e sim de uma que garanta que o investimento está sendo feito da forma correta. Precisamos de licença-paternidade tanto quanto precisamos de licença-maternidade. Precisamos também de espaços para que as mães possam amamentar seus filhos no trabalho ou ordenhar para que outro cuidador ofereça seu leite até os seis meses exclusivamente (e até os dois anos ou mais, de forma complementar) como recomenda a Organização Mundial de Saúde (OMS). Precisamos de espaços comunitários que assegurem o cuidado com nossas crianças para que mães e pais possam trabalhar tranquilos.

Precisamos desenvolver nosso protagonismo e irmos atrás do que queremos de forma consciente e cientes de que nossas escolhas e ações impactam a vida das outras mulheres. Parar de reforçar clichês, romantizar uma relação que, como qualquer outra, é construída no dia a dia e também tem seus altos e baixos.

É essencial desconstruir o mito do instinto materno, que desonera homens de suas responsabilidades e reforça a desigualdade como sendo algo natural e até "divino", servindo apenas para julgar as mulheres que agem de uma forma diferente e cujas escolhas não nos contemplam ou, se formos nós essas mulheres, para viver fugindo da culpa que em alguma medida sempre vem nos assolar.

E se tudo isso parece muito grande, intangível, fora da sua alçada, aqui vão quatro dicas simples de como **VOCÊ** pode fazer a diferença neste cenário:

1) Pare de julgar uma mãe (ou um pai) que chega atrasada porque foi à consulta com o filho ou que falta por causa de filho doente; se quiser ir além, ofereça ajuda, acolhimento e um chazinho, pois criança doente é de cortar o coração!

---

55 BERTH, Joice. O que é: Empoderamento? Belo Horizonte: Letramento/ Justificando, 2018.

2) Se você for empregadora (ou líder) de um pai, encoraje-o a revezar o cuidado das crianças com a mãe e assegure-se de que não haverá retaliação a seu emprego por isso; se for também pai, dê o exemplo! Você sabe como as crianças aprendem...

3) Incentive pais a cumprirem suas obrigações. Não seja condescendente com pais que não cumprem a sua parte, seja financeira, emocional ou prática. Não fique elogiando o que é obrigação, mas apoie quando ele se posicionar como pai. E se você é pai, compre essa briga! Vá às consultas, acorde de madrugada nem que seja para fazer companhia (acredite: faz toda a diferença!), troque fraldas também, mas também faça mais. E faça sem que ela precise pedir.

4) Apoie as mulheres. Apoie suas escolhas, acolha suas dores. Elogie as mães. Lembre-as o quanto você admira o que elas fazem e tudo de que elas são capazes. Ofereça colo. Não questione suas dores e seus choros. Ouça com atenção!

E todas essas quatro dicas valem e começam por você mesma!

"A revolução começa comigo, no interior. É melhor reservarmos tempo para tornar nossos interiores revolucionários, nossas vidas revolucionárias, nossos relacionamentos revolucionários. A boca não vence a guerra."[56]

Este livro é meu grito para que vejamos a maternidade como ela verdadeiramente é: um papel social dos mais pesados e injustos e também uma experiência que pode ser incrível e transformadora se tivermos as ferramentas internas e o apoio externo para tanto.

Gestar, parir, amar: não é só começar! Mas pode ser o começo de uma experiência incrível quando tirarmos o peso da culpa da frente para nos olharmos umas às outras pela forma como somos: únicas.

---

56   BERTH, Joice. O que é: Empoderamento? Belo Horizonte: Letramento/ Justificando, 2018.